UNTERWEGS MIT DEINEN

Lieblingsmenschen

NÜRNBERG

SABINE PETERS

emons:

Bibliografische Information der Deutschen Nationalbibliothek
Die Deutsche Nationalbibliothek verzeichnet diese Publikation in der Deutschen Nationalbibliografie; detaillierte bibliografische Daten sind im Internet über http://dnb.d-nb.de abrufbar.

© Fotos: Sabine Peters, außer: S. 13: shutterstock/ Manu Padilla, S. 15: Simone und Leila Hörl und Lars Schnura, S. 20/21: Hubschrauberflug.de, S. 22/23: BUND Naturschutz Nürnberg, S. 29: Ingo Schweiger, S. 32/33: FP sportreisen, incentive & event GmbH, S. 35/36: WIR SIND FILM e.V., S. 38/39: Martin Schmidt - bureauschmidt.com, S. 51: shutterstock/ YAKOBCHUK VIACHESLAV, S. 52: shutterstock/Nikola Spasenoski, S. 83/84: Markus Peters, S. 87: Foto: Sabine Peters, © Bayerische Schlösserverwaltung, www.schloesser.bayern.de, S. 97: Design Hotel Vosteen, S. 109: Jeff Chi, S. 110: Yvonne Michailuk, S. 114/115: Herr Kai – Virtuose de la Fleur, S. 116/117: Start with a Friend, S. 118/119: Konfuzius-Institut Nürnberg-Erlangen e.V., S. 122/123: Knut Pflaumer für cookionista, S. 125: Jean_Ferry, S. 126/127: W. Reyscher, S. 129: Machhörndl Kaffee, S. 131: Sabine Peters (Symbolbild), S. 135: Gelbes Haus, S. 137: Michael Eckstein, S. 139/140: Buni Kultur- und Freizeittreff, S. 147: shutterstock/ Foxys Forest Manufacture, S. 153: Hotel Victoria Nürnberg, S. 163/164: Fabiotography, S. 167: Kulturbüro Muggenhof, S. 187: Nadine Targiel, S. 189: sutterstock/Fra tta, S. 191/192: Mile Cindric, S. 195: »Der Kameramann«, USA 1928, Buster Keaton (Mitte), Foto: MGM, Quelle: DFF – Deutsches Filminstitut & Filmmuseum, S. 196: Christel Strobel, Agentur für Primrose Film, München, S. 198: Annette Kradisch, Nürnberg , S. 199: Cosima von Bonin; Foto: Stadt Nürnberg, S. 202: Kulturbüro Muggenhof, S. 208/209: Kurt Grauberger für GoHo Adventsmarkt , S. 211/212: Uwe Niklas, S. 215: Sabine Peters (Symbolbild), S. 219: Evas Teeplantage , S. 229/230: Nürnberger Marionettentheater, S. 232/233: Frank Schuh / Brückenfestival, S. 234: Archiv Altstadtfreunde Nbg., Fotograf Uwe Kabelitz, S. 237: Stadt Nürnberg, Deutsche Akademie für Fußball-Kultur, S. 238: M.Menke, S. 239: Michael Krauss
Vorlage der Illustrationen auf dem Cover/Inhaltsverzeichnis: shutterstock/iconim

Gestaltungskonzept und Satz: Heike Kluge, Herdecke
Illustration: Heike Kluge, Herdecke
Umschlaggestaltung: Heike Kluge, Herdecke
Druck und Bindung: Grafisches Centrum Cuno, Calbe
Printed in Germany 2021
ISBN 978-3-7408-1064-1

VORWORT

Liebe Leserin und lieber Leser,

»Du bist der Allergudste!« Wie wunderbar, dass es Lieblingsmenschen gibt. Es wäre doch herrlich, dachte ich, mit ihm gemeinsam in der schönen Frankenmetropole unvergessliche und berührende Momente zu erleben. Und so machte ich mich auf den Weg, um für euch und euren herzallerliebsten Menschen außergewöhnliche Unternehmungen zu finden. Wie für eine richtige Expeditionsreise ausgestattet, weil in der Hand Notizblock und Stift, um den Hals die Profikamera und im Herzen die Vorfreude auf Unbekanntes und Besonderes durchstreifte ich Nürnberg. Was soll ich sagen?

Ich entdeckte, wie man mit der Brennnessel die Potenz anfeuert, durch die Telefonzelle in die Bar gelangt oder wie man den weiten Ozean in nur einem Schluck trinkt. Ich kochte mit Muttern Kraut und Rüben, traf einen Sonnyboy bei der Dauerwelle, beamte mich in eine andere Galaxie, hatte Aussicht auf magischen Sex und erlebte Urlaub in Polen unter der Brücke.

Und das alles nur für euch! Deswegen: Blättert um, lasst euch inspirieren und von meiner Begeisterung anstecken.

Viel Freude beim Lesen und beim gemeinsamen Ausprobieren mit euren Lieblingsmenschen,

wünscht euch von ganzem Herzen
eure Sabine Peters.

DEÄ VOLLMOND IBÄ NÄMBERCH

IS AA BLOUSS

Ä LEBKOUNG.

(FITZGERALD KUSZ, FRÄNKISCHER SCHRIFTSTELLER)

EINLADUNG ZUM AUSFÜLLEN, ABFOTOGRAFIEREN UND TEILEN

Hallo Lieblingsmensch,

ich blättere gerade durch das Buch »Nürnberg. Unterwegs mit deinen Lieblingsmenschen« und möchte total gern

Seite ______ mit dir teilen.

Es geht um ________________________________.

Hast du Lust?

Dann lass uns am ____________________ dort treffen.

Voller Vorfreude

____

GEMEINSAM AKTIV SEIN

ARM IN ARM DIE STADT ERKUNDEN

MITEINANDER ENTSPANNEN

ZUSAMMEN KREATIV WERDEN

KÖSTLICHKEITEN TEILEN

SEITE AN SEITE KULTUR ERLEBEN

MIT DEM LIEBLINGSMENSCHEN

Gemeinsam aktiv sein

MIT SEILTANZ DIE INNERE BALANCE FINDEN

SLACKLINEANLAGE WÖHRDER WIESE

Wöhrder Wiese, 90402 Nürnberg
www.nuernberg.de/internet/stadtportal/parks.html
ÖPNV: Haltestelle Wöhrder Wiese

»Es ist ein absolutes Glücksgefühl hoch drei!«, jubelt Nina begeistert, um nur einen Moment später frustriert auf der Wiese zu landen. »Ärger dich net!«, tröstet sie ihr Bruder. Doch er hat leicht reden, denn er scheint heute seine innere Mitte gefunden zu haben. Mit meditativer Ruhe spreizt er sein Bein in die Luft und vollführt auf dem Seil einen Tanz, der schon beim Zusehen große Freude macht. Und fast an die Eleganz einer Pirouette wirbelnden Primaballerina heranreicht. Fast. Nina muss schallend lachen. Und umarmt ihren Bruder voller Liebe.

Ja, so schön kann eine gemeinsame Unternehmung sein. Dazu braucht es nur den großen Bruder, ein langes Seil und zwei Bäume als kraftvolle Helfer. Auf der Wöhrder Wiese ist diese Luftnummer möglich. Dort warten schon mehrere wunderbare, gut ausgerüstete Kraftprotze darauf, sich einwickeln zu lassen. Sie sind gut zu erkennen, denn sie tragen Holzmanschetten im unteren Bereich, die sie vor Verletzungen schützen sollen. Ein Seiltanz ist nämlich nicht nur für den Akrobaten ein Kraftakt. Die Bäume müssen Zug, Druck und Reibung des angebrachten Seils aushalten. Damit das für sie schonend geschieht, haben sie diese Rüstung anbekommen.

Um auf der sich ausdehnenden und damit stets dynamischen Slackline auch nur einen Schritt machen zu können, bedarf es höchster Konzentration und Körperbeherrschung. »Slacklinen ist eine ganz, ganz tolle Geschichte«, erklärt Nina strahlend. »Man ist ganz bei sich. Es sind totale Höhenflüge.« Na, denn. Worauf warten wir noch?

KARIBISCHE LEBENSFREUDE SPÜREN

ROOTS & CULTURE REGGAE NIGHT

Vischers Kulturladen, Hufelandstraße 4, 90419 Nürnberg
www.nuernberg.de/internet/kuf_kultur/vischers_kulturladen.html
ÖPNV: Haltestelle Klinikum Nord

»Don't worry, don't hurry, take it easy.« Jamaikanische Offbeats tönen durch den Saal. Simone, Pilas und Lars legen auf. Ihre ausgewählten Lieder sind tiefgründig. Und sie erzählen von »good vibes«, von Lebensfreude, die ansteckend ist.

Jeden dritten Freitag im Monat hat man in Vischers Kulturladen für einen wunderbaren Abend die Möglichkeit, sich bei der Roots & Culture Reggae Night in die Karibik zu beamen. Nach Jamaika. Dort, wo die Sonne ausdauernd scheint, die warme Luft nach Zuckerrohr duftet und in den 1960er Jahren die Musikrichtung Roots Reggae entstand, die dann Bob Marley international bekannt machte.

Tanzen und Wohlfühlen ist die Devise des Abends, der sich auch Shadu aus Bangladesch nicht verschließen kann: »So etwas Schönes habe ich schon lange nicht mehr erlebt!«, ruft der Pächter der kleinen Cafeteria im Kulturladen begeistert und verlässt seinen Platz hinter dem Tresen, um eifrig mitzutanzen.

Diese allgemeine Freude ist es, was diese Unternehmung so besonders macht. Denn die Atmosphäre ist unglaublich entspannt und voller guter Schwingungen. Die karibischen, lebensfrohen Klänge berühren die Herzen und bringen die Körper zum Tanzen. Stillstehen kann hier niemand. Ein Erlebnis voller Glücksmomente. Kein Wunder, dass im Jahr 2018 die UNESCO den Reggae zum immateriellen Kulturerbe der Menschheit erklärt hat. Gerechtigkeit, Harmonie und Menschlichkeit liegen dieser Musikrichtung sehr am Herzen. Und Liebe!

LEGEND

IM PARK MIT »TORTENBÖDEN« WERFEN

ROSENAUPARK MIT CAFÉ KIOSK

Bleichstraße, 90429 Nürnberg, Zugang barrierefrei
www.nuernberg.de/internet/stadtportal/parks.html
ÖPNV: Haltestelle Plärrer

Lust auf vergnügte Sommerstunden im Park? Dann ist dieser lustige Sport, der in Amerika seinen Anfang nahm, wärmstens zu empfehlen. In den 1920er/1930er Jahren stöberten Kinder in den USA aus Langeweile in Mülltonnen. Sie fanden gebrauchte, runde Kuchenformen mit der Werbeaufschrift »FRISBIE´S PIES«, die sich wunderbar hin und her werfen ließen. William Russell Frisbie hatte im Jahr 1871 eine Großbäckerei in Connecticut gegründet mit der Idee, köstliche Kuchen in praktischen Backformen aus Blech zu verkaufen. Deswegen waren in den Abfalleimern von Restaurants, Lebensmittelhändlern und sogar Schulkantinen die gebrauchten Formen zu finden. Inspiriert von den coolen Kids und fasziniert von der Flugkraft dieses runden Kuchenblechs gestaltete Unternehmer Walter Fredrick Morrison professionelle Prototypen, die ab 1957 kommerziell vom Spielzeughersteller Wham-O hergestellt wurden. Ein weltweiter Sport war geboren.

Bis heute ist diese Freizeitbeschäftigung hip. Am meisten Spaß macht sie zu zweit und perfekt dafür ist der Rosenaupark. Das finden auch Gerrit und Pierre. So oft es geht, treffen sich die beiden Brüder in dieser reizvollen Anlage. Auf den Wiesenflächen zwischen dem alten Baumbestand hat man genügend Platz, um die Frisbeescheibe zu werfen und zu fangen, vor Begeisterung in die Höhe zu hüpfen oder vor Lachen am Boden zu liegen. Und das Beste: Mitten im Park wartet das kultige Café Kiosk darauf, einen nach dem Spiel mit köstlich belegten Tortenböden verwöhnen zu dürfen.

12

IM STEHEN ÜBER DEN SEE PADDELN

BOOTSVERLEIH AM WÖHRDER SEE

Norikerstraße am Wöhrder See, 90402 Nürnberg
www.bootsverleih-nuernberg.de
ÖPNV: Haltestelle Tullnaupark oder Nürnberg Dürrenhof

SUP! Hinter dieser hippen Bezeichnung verbirgt sich eine immer beliebter werdende Freizeitbeschäftigung, das Stand-Up-Paddling, das Paddeln im Stehen.

Die Geschichte des heute so angesagten Trendsports begann im pazifischen Ozean. Um durch die Riffe vor den Inseln hinaus aufs offene Meer zu gelangen, navigierten polynesische Fischer ihre Kanus stehend und nur mit einem Paddel in der Hand. Diese praktische und zugleich elegant wirkende Fortbewegungsvariante übernahmen in den 1950er Jahren nicht nur die Surflehrer auf Hawaii, sondern auch der Jet Set an der französischen Riviera.

Um diese neue Sportart einmal auszuprobieren, muss man nicht nach Tahiti oder Cannes reisen. Sommerwetter haben wir auch in Nürnberg. Und Wasser ebenso! Denn der blau wie die Riviera schimmernde Wöhrder See wartet nur darauf, quietschvergnügt erobert zu werden. Am besten als Duo, denn zu zweit ist das amüsante Dahingleiten am allerschönsten.

Beim Bootsverleih Nürnberg kann man modernste SUP-Boards und -Paddel mieten. Und einen 90-minütigen Anfängerkurs obendrauf. Auf dem Board merkt man schnell: Das ist ja gar nicht so schwer und macht sehr viel Spaß. Denn als Steuermann oder Paddelfrau hat man die Übersicht beim sanften Dahinsegeln über den schönen See. Wie toll, dass auch noch ganz nebenbei die Figur in Form gebracht wird! SUP: das neue gemeinsame Hobby.

IN DEN SIEBTEN HIMMEL SCHWEBEN

HUBSCHRAUBERFLUG AIRPORT NÜRNBERG

Flughafenstraße 100, 90411 Nürnberg
www.airport-nuernberg.de/hubschrauberflug.de
Hinweis: Der An- und Abflug des Helikopters muss beim Rundflug hinzugebucht werden.
ÖPNV: Haltestelle Flughafen

Komm, Engelchen, flieg mit mir! Lass uns gemeinsam vom Boden abheben und in den siebten Himmel schweben.
Atemberaubend und unvergesslich wird dieses Luftabenteuer mit einem Helikopterflug. Gestartet wird direkt in Nürnberg. Am Albrecht Dürer Airport.

Beim Anblick des eleganten Helis schlägt das Herz schneller. Schon das Hineinklettern ist aufregend! Anschnallen, Kopfhörer aufsetzen und zurücklehnen. Uff, die ganze Technik um einen herum ist faszinierend. Wie gut, dass Pilot Tobias von Wolffersdorff weiß, was dieser Hebel da und jener Knopf dort zu bedeuten haben.

Nun werden die Rotorblätter angeschmissen und los geht's! Der Start ist wunderschön, denn leicht und elegant geht es senkrecht nach oben. Hui, man schwebt durch die Luft. Und hat einen tollen Blick auf Nürnberg. Die Kaiserburg auf dem Sandsteinhügel ist schnell gefunden. Wie klein sie doch von hier oben wirkt. »Schau mal, hier haben wir uns kennengelernt. Guck mal, da haben wir uns das erste Mal geküsst.« Händchen haltend und eng aneinander gelehnt ist die gemeinsame Freude groß.

Die Heimatstadt aus der Vogelperspektive zu betrachten und glückselig dahinzuschweben, das ist wunderschön. Denn man ist dem Himmel so nah. Hier oben ist die Freiheit grenzenlos. Über den Wolken, so sang schon Reinhard Mey, bleiben alle Ängste, alle Sorgen verborgen. Denn die Seele fliegt und das Herz hüpft. Deswegen sind auch spontane Äußerungen wie »Für dich soll es 1.000 Rosen regnen!« nur allzu verständlich! Auch wenn man nicht Gunter Sachs heißt, der dies tatsächlich einst tat. Aber ein kleines bisschen lässiger Playboy oder atemberaubender Engel stecken doch hin und wieder in jedem von uns, oder nicht?

IN DER PRÄRIE DUFTENDES HEU ERNTEN

UMWELTAKTIONSTAG DER RELIGIONEN

Biotopfläche am Ende der Keilstraße, 90455 Nürnberg Kornburg
www.nuernberg-stadt.bund-naturschutz.de
ÖPNV: Haltestelle Kornburg Süd

»Ach! Wie herrlich das ist, draußen in der Natur zu sein!« Alle Köpfe nicken einheitlich zustimmend. Das sieht sehr sympathisch aus, denn diese Gruppe aus sich freuenden Menschen könnte nicht bunter sein. Es ist so, als hätte sich die Welt auf dieser Heidewiese bei Kornburg getroffen.

Da sind die kleinen Lausbuben und die kichernden Mädels, die coolen Teenies und die begeisterten Erwachsenen. Da sind die muslimische Mama, der Sohn aus Pakistan und die in Nürnberg geborene, evangelische Oma. Alle haben einen Wunsch: Beim Umweltaktionstag der Religionen einen schönen Tag gemeinsam zu verbringen.

Willkommen in der Prärie! ist das Motto dieses Tages, den der BUND Naturschutz in Kooperation mit dem Friedensweg der Religionen seit 2009 jährlich im Frühherbst veranstaltet. Mehrere christliche und muslimische Gemeinden Nürnbergs treffen sich und haben im Grünen eine schöne Zeit. Und vor allem ein Ziel: die gemeinsame Mahd! Heu ernten, darauf haben sich alle schon Tage vorher gefreut, denn das klingt nach Sonnenschein im Sommer, nach duftenden Kräutern und Picknick auf der Heidewiese.

Umweltpädagogin Barbara Philipp erzählt zunächst von den Bewohnern dieses trittfesten Naturerlebnisraumes, von Bergsandglöckchen und Zauneidechsen. Und dann beginnt das gemeinsame Abenteuer: der Sensenmähkurs! Leicht gebückt, mit schwingenden Drehbewegungen führt man im Halbkreis nun die Sense durch die Wiese. Wie schön das ist: Die Gräser duften und die immer gleichen Bewegungsabläufe beruhigen. Und Silvia und Mostafa lachen.

EINEN SONNYBOY TREFFEN

NÜRNBERGER DAUERWELLE E.V.

Fuchsloch, westliches Pegnitztal, 90429 Nürnberg
www.nuernberger-dauerwelle.de
ÖPNV: Haltestelle Muggenhof oder Schniegling

Ist da der Wunsch nach Freiheit und Abenteuer, nach Spaß und einem Sommer, der nie enden soll? Darf es dazu ein bisschen Meeresfeeling sein? Prima! Es gibt nämlich etwas in Nürnberg, das diese Sehnsüchte stillen kann.

Der Verein Nürnberger Dauerwelle hat die perfekte Surfwelle vom Ozean in die Pegnitz gebracht. Ja, das ist möglich! Hawaii, Kalifornien, Australien oder Tahiti, diese Lieblingsorte der Surfer haben Konkurrenz bekommen. Am Fuchsloch ist eine Dauerwelle entstanden, eine stehende Welle, die unter dem Surfer hindurchfließt anstatt ihn wie auf dem offenen Meer anzuschieben.

Doch von Anfang an. Grundlage für diesen faszinierenden Wasserspaß ist natürlich die vollkommene Welle. Und die Suche nach ihr kann zur wahren Leidenschaft werden. Das Gefühl, auf dem Brett zu stehen und die Wassermassen hinunterzugleiten, ist nämlich unbeschreiblich. Ein absolutes Glücksgefühl. Aber die perfekte Welle zu finden, ist die Masterclass und erfordert Geduld. »Du hättest gestern hier sein sollen!« ist ein Zitat aus dem Kultfilm »The Endless Summer«, das sich Surfer gern zurufen.

Weit weg von der Küste entsteht sie, die Meereswelle. Ihre Höhe und ihr Winkel sind abhängig von Winden, Gezeiten, Bodenbeschaffenheiten oder von Stürmen auf hoher See. Als Surferin oder Surfer will man in das Line-up der Welle, in den Wogebereich hinter der Brandungszone. Und dazu ist erst einmal paddeln angesagt. Wenn sie schließlich heranrollt und man es schafft, auf dem Brett stehend die gleiche Geschwindigkeit aufzunehmen, dann geht es das Wellental

BUSTER
surfboards

hinab. Was für ein Spaß! Was für ein unbeschreibliches Glücksgefühl! Dieses Feeling ist auch auf der Pegnitz möglich. Hier jedoch surft man im Gegensatz zum klassischen Wellenreiten auf der Stelle. Weltbekannt für eine solche stehende Welle ist der Eisbach in München. Was dort jedoch durch einen Konstruktionsfehler entstand, wurde in Nürnberg hochtechnisch geplant. Die Uni Innsbruck entwickelte zusammen mit der Firma Dreamwave die komplizierte Rampenkonstruktion, die sich auf die variierenden Wasserqualitäten einstellen kann. Denn ein hydraulisch betriebener Wehrtisch erzeugt eine Welle passend zum Wasserstand. So kann im Sommer, wenn weniger Wasser die Pegnitz hinabfließt, die Rampe verschmälert werden. Eine echte Dauerwelle sozusagen, die so das ganze Jahr über surfbar ist. Nürnberg, ein neuer Hotspot des Wellensurfens? Bestimmt!

Hier trifft man Sonnyboys wie Oliver oder Stefan. Letzterer jauchzt vor Freude: »Ich habe das Surfen mal am Strand ausprobiert und bin dann bei diesem Sport hängen geblieben. Da es in Deutschland vor 30 Jahren noch keine Surfbretter zu kaufen gab«, erzählt er weiter, »habe ich mir mein Board einfach selbst gebaut.« Bis heute ist das Surfen seine große Leidenschaft. Seine Begeisterung ist ansteckend.

Wie schön, dass nicht nur Surfprofis hier am Start sind. Auch die Ungeübten sind an der Dauerwelle willkommen, denn Leihbretter und Anfängerkurse werden vom Verein regelmäßig angeboten.

Und für alle, die Sport lieber schauen als machen, bieten die blumenreichen Liegewiesen und die naturgeschützten Buchten chillige Beobachtungsposten. Was für ein vergnügliches und cooles Fleckchen das Fuchsloch doch ist!

MAMA ÖZLEMS GRIESSKUCHEN BEI DER DAUERWELLE SCHNABULIEREN

... oder beim gemeinsamen Picknicken im Park, bei der Heuernte oder am See!

Zutaten:

Für den Zuckersirup:
800 Milliliter Wasser
200 Gramm Zucker
2 Esslöffel Zitronensaft
1 Zimtstange
2 -3 Gewürznelken
Abgeriebene Schale einer ½ Zitrone (Bio)

Für den Teig:
4 Eier
120 Gramm Butter
120 Gramm Zucker
1 Päckchen Vanillezucker
100 Gramm Mehl
100 Gramm Grieß
1 Päckchen Backpulver

➤➤ Zucker und Wasser in einem Topf aufkochen und bei mittlerer Hitze reduzieren. Zimtstange und Gewürznelken, Zitronensaft dazu geben und ca. 10 Minuten köcheln lassen. Abkühlen lassen. Zimtstange und Gewürznelken entfernen.

➤➤ Eier, Butter, Zucker und Vanillezucker zu einer homogenen Masse verrühren. Mehl, Grieß und Backpulver dazugeben, ca. 2 Minuten rühren.

➤➤ Den Teig in eine gefettete Kuchenform geben und bei 180 Grad Ober/Unterhitze circa 30 Minuten im Ofen backen.

➤➤ Nach dem Backen rautenförmig einschneiden und mit dem Sirup übergießen. Mindestens 1 Stunde durchziehen lassen.

Afiyet olsun! Guten Appetit!

MIT BAUCHTANZ DEN ALLTAG ABSCHÜTTELN

EXPERIMENTAL ORIENTAL DANCE

Obere Kanalstraße 9 (Rückgebäude), 90429 Nürnberg
www.dayadance.de
ÖPNV: Haltestelle Gostenhof

Meist verbindet man mit Bauchtanz schleierumhüllte Damen, die bei orientalischen Klängen begeistert mit den Hüften wackeln und die Männerwelt erotisieren.

Wäre es nicht einmal schön, sich diesen besonderen Körperbewegungen auf ganz eigennützige und wohltuende Art zu nähern? Im Studio von Daya kann man das mit Experimental Oriental Dance, einer modernen Ausrichtung des orientalischen Tanzes. Improvisieren, in sich hineinspüren und ausprobieren sind dabei die ganz wichtigen Aspekte dieser Tanzrichtung. Sich seinem Bauch liebevoll zuzuwenden ist eine Unternehmung, die mit der besten Freundin am schönsten ist. Fröhlich, zugewandt und achtsam zeigt Daya als Mindful Movement Coach die Bewegungen. Und mit großer Professionalität. Schließlich ist sie Tanzlehrerin, Theaterpädagogin und zertifizierte Essence of Bellydance-Lehrerin.

Bei der schönen orientalischen Musik, die durch das Studio tönt, beginnen die Hüften fast wie von selbst zu wippen und die Seele fröhlich zu baumeln. Und dann ist er auf einmal da, der befreiende Moment, wenn man seinen Bauch zeigen darf, so wie er ist. Wenn man auf einmal einen ganz wunderbaren Zugang zu den eigenen kraftvollen Bewegungen bekommt und erhobenen Hauptes und tänzelnden Schrittes beginnt, den Alltag und innere Anspannungen abzuschütteln. »Jede Frau sollte stolz auf ihren Bauch sein!«, sagt Daya. Wie recht sie hat.

MIT DEM SKATEBOARD SPRINGEN UND TRICKSEN

SKATEPARK STG

Spittlertorgraben 41, 90429 Nürnberg
www.nuernberg.de/internet/kinder_und_jugendliche
ÖPNV: Haltestelle Plärrer oder Weißer Turm

»Krasse Tricks raushauen und versuchen, über allen Obstacles im Park was zu stehen …« Hier spricht ein echter Skater. Und du verstehst kein Wort? Macht nix. Gleich wird es besser. Es geht um Skateboarding, um das kunststückreiche Fortbewegen auf einem Brett mit vier Rollen. Ähnlich wie beim Rollerfahren stößt man sich mit einem Bein am Boden ab. Ist man in der gleitenden Bewegung, braucht man Hindernisse unterschiedlichster Art, um Sprünge, Drehungen, um Slides und Grinds ausführen zu können.

Erfunden wurde der Rollsport übrigens in den 1950er Jahren an der Küste Kaliforniens. Denn wenn bei ungünstigem Wellengang das Surfen im Meer nicht möglich war, schraubten sich die Beachboys kurzerhand Räder an ihre kleinen Surfbretter und gingen an Land. Heute ist Skateboarden mega hip und auch ein bisschen hippie. Denn Skaten ist eine Subkultur und ein kleiner Ausstieg aus dem geregelten Alltag. Ein Gefühl von schwungvoller Freiheit, verbunden mit der großen Freude, lässige Kunststückchen zu lernen.

Wie schön, dass es im romantischen Spittlertorgraben seit 2013 eine voll coole Skateranlage mit Rampen, Geländer und kleinen Pipes für das gemeinsame Asphaltsurfen gibt. Wer jedoch mit seinem Lieblingsmenschen lieber den Mädels und Jungs bei ihren kunstvollen Sprüngen zuschaut, kann sich auf einer der zahlreichen Bänke gemütlich niederlassen. Und wird begeistert entdecken, dass so mancher krasse Trick die Eleganz eines Balletttanzes besitzt.

DURCH HERRLICHE NATUR PADDELN

KANUTOUR MIT FP SPORTREISEN

Treffpunkt: Artelshofen
www.fp-sportreisen.de
ÖPNV: Haltestelle Vorra (Pegnitz) (rund 15 Minuten Fußweg)

Das Abenteuer auf dem Nürnberger Land hat noch gar nicht richtig begonnen und schon hüpft der Bauch vor Lachen. Denn wenig graziös, dafür aber lustig anzusehen, schweben die Füße nacheinander für kleine Momente in der Luft, bis sie zielsicher in der Mitte des wackeligen Bootes abgesetzt werden. Wie gut, dass wir als Zweierteam einfach unschlagbar sind. Denn nach dieser ersten Hürde sitzen wir an einem heißen Augusttag voller Vorfreude auf wildromantische Naturerlebnisse im Kanu. Wir wollen auf der schönen Pegnitz die Schnupperpaddeltour Artelshofen–Eschenbach unternehmen.

Mit Geschick paddeln wir uns ein. Herrlich! Wir genießen in vollen Zügen die traumhaften Ausblicke auf das Ufer mit seinen Kräuterwiesen und Bäumen, deren Äste zum Teil fast das Wasser berühren. Wir freuen uns über die interessanten und abwechslungsreichen Passagen mit kleinen Stromschnellen und tollen Kurven. Und vor allem lassen wir uns verzaubern von Wildgänsen, Enten und Biebern, die die Bahn durchkreuzen.

Bloß, dass wir es ihnen im letzten Drittel unserer Abenteuerreise nachmachen und bei Düsselbach ein Bad nehmen würden, hätte niemand gedacht. Kichernd und quietschvergnügt helfen wir uns gegenseitig wieder ins Boot. Was für eine schöne Erfahrung für unsere langjährige Freundschaft und was für ein toller Spaß. Denn den Rest der Strecke müssen wir mächtig über uns lachen.

IN EINE ROLLE SCHLÜPFEN

WIR SIND FILM E.V.

Drehorte und Termine nach Absprache:
www.wir-sind-film.de und www.faust-zentrale.de

»Play it once, Sam. For old times'sake.« (Spiel es noch einmal, Sam. Der alten Zeiten wegen.)

Wie gern wäre man doch als Statist oder Komparse dabei gewesen, als die unvergleichliche Ingrid Bergmann in »Casablanca« den Pianisten aufforderte, das Gänsehautlied »As time goes by« zu klimpern. Nun gut, das ist natürlich bei diesem amerikanischen Klassiker aus dem Jahr 1942 nicht mehr möglich.

Bei WIR SIND FILM e.V. jedoch schon. Denn bei diesem Team aus Profis und Laien ist jeder willkommen, der hineinschnuppern möchte in die Welt der Kameras und Regieanweisungen, der seine Leidenschaft für den Film und seine Faszination am Schauspiel einmal ausleben möchte.

Christian Kern, der sympathische Kopf dieses gemeinnützigen Vereins, freut sich immer über Neuzugänge. »Jeder, der Bock hat am Film, kann dazukommen.« Er selbst agiert als Regisseur, Produzent und Organisator und steht auch immer wieder als gut aussehender Schauspieler vor der Kamera. Schon als Junge hatte er sich mit dem Thema Filmemachen beschäftigt. Mit Überzeugungskraft, so verrät er schmunzelnd, wurde dem Papa der Camcorder »abgequasselt« und die kleine Schwester zum Mitmachen überredet. Schwupps kamen bald Freunde als Akteure hinzu. Und da er bereits als Teenager das Filmemachen mit Anspruch verband, wurde seine Schule auf ihn aufmerksam. Deshalb durfte er Schulaufführungen und sein Abschlussjahr filmisch festhalten. Seine Leidenschaft für den Film sorgte dafür, dass sein Team immer größer wurde. 2017 schließlich gründete er den Verein, dessen bevorzugter Dreh- und Schauspielort Nürnberg ist.

Gefilmt wurde schon an faszinierenden Orten wie dem denkmalgeschützten Volksbad oder dem Grand Hotel. Und auch die mittelalterlichen Lochgefängnisse wurden bereits zum Drehen genutzt. Christian Kern ist permanent auf Locationsuche, denn die Frankenmetropole hat viel zu bieten. Manchmal entdeckt er im Stau stehend dann ganz zufällig wunderbare künftige Drehkulissen.

Obwohl sein Team mittlerweile aus über 30 Personen besteht, ist immer Bedarf an ambitionierten Statisten oder Kleinstdarstellern. Zu zweit ist man mutiger und deshalb ist man auch als Duo bei ihm gern gesehen. Und weil das Alter gar keine Rolle spielt, ist diese Unternehmung mit der Mama oder Großmama eine wunderbare Gelegenheit für gemeinsame Abenteuer.

Vielleicht hat man Glück und spielt mit der professionell ausgebildeten Schauspielerin Astrid Hornung Seite an Seite. Oder begleitet ihre Einstellung als wichtiges Paar im Hintergrund. Für sie ist die Mitarbeit bei WIR SIND FILM e.V. »ein Herzensprojekt«, sagt sie. »Es ist einfach toll. Das ist ein wahnsinnig engagiertes Team ...« Und sie muss es wissen, ist sie doch die Starbesetzung in »FAUST«, der hauseigenen »Agentenserie direkt aus Mittelfranken«.

Huch, apropos Kriminalfilm: Je länger man Astrid Hornung betrachtet oder ihr als Statist zur Seite steht, umso mehr fallen Ähnlichkeiten mit Ingrid Bergmann auf. Denn das aparte Aussehen und die lebendige Ausdrucksstärke teilen beide Schauspielerinnen.

Und dann ist er auf einmal da, der Filmmoment mit Gänsehaut. Und man zu zweit mittendrin. Und wird vielleicht einmal berühmt. Auf jeden Fall aber ist gewiss: »You just remember this ...«

DREI ALLES AUSSER GEWÖHNLICHE, OSCARREIF GUTE KÖCHE

Weil in eine Rolle zu schlüpfen ganz schön hungrig machen kann.

1. In köstlicher Mission: Entenstuben!
Ein wahres Feuerwerk der feinen Küche erlebt man bei Fabian Denninger, der als junger Sternekoch die Restaurantszene in Nürnberg mit Leidenschaft auf Weltklasseniveau schraubt. (www.entenstuben.de)

2. Der wahre Goldfinger: Essigbrätlein!
Zwei Michelinsterne, 18 von 20 Punkten im Gault Millau und Koch des Jahres 2012: Das Herz von Andree Köthe und Team schlägt für den perfekten Reifegrad des heimischen Feldgemüses. So kann auf dem Acker gefrorener Kohlrabi wie Trüffel schmecken. Unbedingt probieren: Rote Bete mit Kümmelkaramell, die Revolution in der Haute Cuisine. (www.essigbraetlein.de)

3. Liebesgrüße aus der Küche: Würzhaus!
Hier werden gehobene Gaumenfreuden der besonderen Art ohne unnötige Schnörkel serviert. Küchenchefin Diana Burkels Tipp für den Kochtopf: »… die Prise ›Liebe‹ beim Würzen nicht vergessen!« (www.wuerzhaus.info)

GEMEINSAM AM RAD SCHRAUBEN

KAFFEE KUCHEN RENNRAD WERKSTATT MORITZBERG

Rosental 32 HH, 90403 Nürnberg
www.moritzberg.cc
ÖPNV: Haltestelle Wöhrder Wiese

Mit dem Kumpel auf der Suche nach einem gemeinsamen Hobby? Sozusagen: Bock auf ein neues Projekt?
Wenn Sport, Käsekuchen, Rumschrauben und richtig guter Espresso die übereinstimmenden Leidenschaften sind, dann ist das hier der perfekte Tipp. Dafür geht es zuerst einmal in den eigenen Keller. Vielleicht steht dort noch ein alter Fahrradhobel herum, den man zu einem Rennrad aufpimpen könnte?

In der Kaffee Kuchen Rennrad Werkstatt Moritzberg, benannt nach dem steilen Nürnberger Hausberg, dem Schrecken so manchen Radlers, ist das nämlich möglich. Die Jungs stehen schon Zange bei Fuß und warten voller Freude: »Wenn ihr da seid, schauen wir uns eure Räder mal ganz genau an.«

Keine Bikes mehr im Keller? Dann hat man in diesem besonderen Laden erst recht die Möglichkeit, sich sein Traumfahrrad zusammenzustellen. Mitschrauben inklusive. Auch wenn Gravel, Tubeless Montage und Steckachse noch russische Dörfer sind. In regelmäßig stattfindenden Workshops erhält man dazu amüsante Einführungen.

Damit auch die Kaffeehauskultur beim Rennradfachsimpeln vor oder nach der gemeinsamen Tour nicht zu kurz kommt, dafür sorgt der wirklich köstliche Käsekuchen. Und der Espresso aus den besonderen Bohnen der Kaffeewerkstatt Kucha. Serviert wird das alles an einem Tresen, der aus dem Holz einer alten russischen Rennbahn gezimmert wurde. Roter Markierungsstreifen inklusive. Und geschlürft wird an selbst gebauten Tischen.

Der Tipp der coolen Jungs von Moritzberg: »Der perfekte Tag beginnt mit dem Aufbau eines perfekten Hobels!« Recht haben sie! Radschrauben, Kaffee trinken und Kuchen schnabulieren! Was für ein tolles, neues, gemeinsames Hobby.

AUF DER HIMPELSHOF-HILDE RADELN

LEIHFAHRRÄDER DER VAG

Möglicher Startpunkt: Hauptmarkt, 90403 Nürnberg
ÖPNV: Haltestelle Hauptmarkt oder Lorenzkirche

Die Seele baumeln lassen, quasi Urlaubsfeeling mitten in der Stadt ist gewünscht? Wie wäre es dann mit einer Fahrradtour entlang der schönen Pegnitz und anschließendem Picknicken oder Grillen auf der grünen Wiese?

Dazu braucht es nicht einmal ein eigenes Fahrrad. Mit dem Smartphone und einer App kann man sich zum Beispiel bei der VAG eines der vielen rot-weißen Fahrräder ausleihen, die sowohl an bestimmten Stationen als auch willkürlich im Stadtgebiet zur Verfügung stehen. Wie lustig: Die Bikes sind verziert mit Bezeichnungen wie Himpelshof-Hilde oder Galgenhof-Gerd. Also nicht wundern, wenn der ein oder andere Passant einem schmunzelnd hinterherguckt. Und praktisch sind sie auch, diese Leihfahrräder, denn in den stabilen Körbchen am Lenker können all die köstlichen Utensilien für den Schmaus auf der Wiese transportiert werden.

Ein schöner Startpunkt für diesen Urlaubstag in der Stadt ist der Hauptmarkt. Dort kann man bei den Marktfrauen frische Äpfel und Radieschen aus dem Knoblauchsland für das Picknick kaufen. Dazu gibt es bei Brot Schwarz gleich um die Ecke knuspriges Landbrot, Antipasti und feine Kost wie leckeren Feigensenf. Und das ein oder andere Grillwürstchen. Perfekt! Kaiser Karl IV., der hoheitsvoll an der Fassade der Frauenkirche sitzt und auf sein tägliches Männleinlaufen wartet, schaut bei all den Einkäufen wohlwollend zu.

Mit Proviant gut ausgerüstet, geht die Radeltour nun los. Juhu! Erst einmal vorbei an der Liebesinsel, am Henkersteg und am berühmten

Kettensteg. Dann durch die Stadtbefestigungsanlage am Hallertürchen hindurch und »Klingeling« radelt man schon die schöne Hallerwiese entlang. Die Seele baumelt und das Herz hüpft! Wie sagte doch schon der amerikanische Professor und Forensiker James E. Starrs: »Melancholy is incombatible with bicycling.« Melancholie ist mit Radfahren unvereinbar. Er hat ja so recht!

Bei der Großweidenmühle laden wunderschöne Jugendstilhäuser und die ehemalige Fehnsche Mühle direkt an der Pegnitz zum Anhalten und Bewundern ein. Kleine Galerien, besondere Läden und Restaurants haben hier Einzug gehalten. Typisch Johannisviertel halt. Nach diesem kurzen Sightseeing geht es nun hinunter zu den grünen Pegnitzauen, die gerade im Stadtteil St. Johannis besonders romantisch sind. Auf dem kleinen, geteerten Radweg kann man vorbei an Blumenwiesen radeln, den Kindern beim Ballspielen zusehen oder die Romantik der klippklappernden Mühle am Fluss genießen.

Ein Plätzchen auf der grünen Wiese in der Sonne oder unter den schattigen Bäumen ist auch schnell gefunden. Ach, ist das schön, die Füße auf der Picknickdecke auszustrecken und im Korb nach den Köstlichkeiten zu kramen. Auf den ausgewiesenen Plätzen kann natürlich der Grill ausgepackt werden. Wie gut das hier duftet! Das Kräuteraroma der Wiesen vermischt sich mit dem würzigen Rauch der verschiedensten Grillkessel, die kunterbunt die Pegnitzauen zieren. Dort der köstliche Majoranduft einer Nürnberger Bratwurst, da der Schwarzkümmelwohlgeruch eines Adana Kebap, eines türkischen Hackspießes. Wenn dann auch noch herbeiwehende Gitarrenklänge das Lümmeln auf der Wiese begleiten, ist dieser Urlaubstag in der Stadt rundum perfekt. Mit Hilde oder mit Gerd!

EINE FAHRRADTOUR ZUR KAFFEEWERKSTATT KUCHA

Lust auf einen längeren Ausflug? Dann ist eine Tour mit dem eigenen Lieblingsrad zur Kaffeewerkstatt in Kucha im Nürnberger Land ein wunderschönes Erlebnis. Auch wenn man im Sprint nicht schnell ist und am Moritzberg richtig schwächelt, macht es gemeinsam große Freude, zu dieser besonderen Kaffeerösterei zu radeln. Wiesen, Wälder und Bäche lassen diese Tour zu einem landschaftlich sehr reizvollen Ausflug werden. Und am Ziel, bei der Kaffeewerkstatt Kucha, gibt es phantastischen nachhaltigen Kaffee, handwerklich geröstet. Der Kaffeeröster Markus Gaibl sucht die Kaffeebohne mit Geschichte: Auf welcher Farm wurde sie angebaut, wann wurde sie geerntet, wie lange, wie und wo wurde sie getrocknet? Das Ziel von Markus Gaibl: »Ökologisches und nachhaltiges Handeln, das zu einem wunderbaren Spezialitätenkaffee führt.« Toll!

➤➤ www.kaffeewerkstattkucha.de

Auf www.vgn.de/freizeit/radtouren gibt es eine Auswahl an Touren rund um Nürnberg … der Moritzberg ist auch dabei!

SICH MIT KATZENSPRUNG AUSPOWERN

PARCOURANLAGE WESTTORGRABEN

Westtorgraben, 90403 Nürnberg
www.nuernberg.de/internet/kinder_und_jugendliche
ÖPNV: Haltestelle Plärrer oder Weißer Turm

Das ist mega! Denn jetzt kommt der Tipp für Kletteräffchen und Springmäuse, für all diejenigen, die Tom Cruise oder Lara Croft Konkurrenz machen wollen. Nötig dazu ist Freude am Schwingen, Springen und Hängen und natürlich die Mama oder der Papa an der Seite zum Unterstützen und Mitmachen. Diese Sportart ist kein Wettstreit. Sie ist eine stete Übung, die Grenzen des eigenen Körpers und der vorhandenen Umwelt zu erkennen und achtsam auszudehnen.
Im eigentlichen Sinn ist der Parcourläufer ein absoluter Freigeist. Denn er möchte selbst seinen Weg bestimmen, ob in der Natur oder in der Stadt. Hindernisse wie Architekturen werden deswegen elegant und kraftvoll überwunden.

Im mittelalterlichen Stadtgraben gibt es seit 2017 eine supercoole Location. Eine 2.000 Quadratmeter große Parcouranlage aus Beton und feinstem Edelstahl wurde gemacht für Freischwung, Katzensprung und Mauerüberwindung. Ein ultraweicher Gummiboden gibt Sicherheit, macht das Turnen kindgerecht.

Hier kann man die kunstvolle Art der Fortbewegung üben, hier kann man lernen, Hindernisse, dic einem im Weg stehen, durch eine Kombination natürlicher Bewegungen wie Loslassen, Balancieren oder Hochziehen zu überwinden. »Die Anlage ist echt toll, weil die Mauern hoch genug sind!«, findet deshalb auch Linus, der künftige Konkurrent von Tom Cruise. Komm, Lara, das probieren wir gleich mal aus!

»PACK DIE BADEHOSE EIN!«

WÖHRDER SEE

Wöhrder See, 90402 Nürnberg, Zugang barrierefrei
ÖPNV: Haltestelle Tullnaupark oder Nürnberg Dürrenhof

»Pack die Badehose ein, nimm dein kleines Schwesterlein …« Mit diesem Ohrwurmlied besang der Berliner Kinderstar Cornelia Froboess in den 1950er Jahren den Wannsee.

Corinna hat auf die Schlagersängerin gehört und ihre kleine Schwester eingepackt. Am Wöhrder See möchten beide ein paar vergnügte Stunden verbringen. Denn »lacht der Sonnenschein … möcht man (gerne) draußen sein«, wusste ja schon die Froboess.

Von der Altstadt aus ist das reizvolle Naherholungsgebiet angenehm zu erreichen, denn es geht ganz entspannt zu Fuß oder mit dem Fahrrad immer an der malerischen Pegnitz entlang bis zum See.

Da liegt er nun vor einem, der schöne Wöhrder See mit einer Länge von ungefähr 2,6 Kilometern und 100 bis 200 Meter Breite. Durchschnittlich um die 1,90 Meter ist er tief und angelegt wurde dieser Stausee in der zweiten Hälfte des 20. Jahrhunderts als Auffangbecken für zu viel Pegnitzwasser. Durch ihn konnte endlich die Hochwassergefahr in der Altstadt gebannt werden.

»Pack die Badehose aus, jetzt wird es nass!«, scheint einem die Statue des wilden Reiters am Wöhrder Talübergang zuzurufen. Denn sein sich aufbäumendes Pferd prustet kraftvoll eine riesige Wasserfontäne in die Höhe! Quasi als herzliche Einladung, diese naturnahe Wasserwelt zu genießen!

Während der Untere Wöhrder See mit seinen traumhaften Uferwegen, Buchten und grünen Wiesen für das Urlaubmachen in der Stadt reserviert ist, ist der Obere Wöhrder See ein unberührtes Naturparadies. Libellen, Hechte und Karpfen freuen sich ihres Lebens und mit ein bisschen Glück kann man sogar den niedlichen Grünfrosch entdecken.

30

Denn die unterschiedlichsten heimischen Tiere und Pflanzen haben auf den kleinen Inseln und in den unberührten Buchten und abgeschiedenen Altwasserarmen ein Zuhause gefunden. Ein gemächlicher Spaziergang durch diese idyllische Inselwelt mit ihren Stegen und Hängebrücken als Start in einen herrlichen Urlaubstag ist unglaublich romantisch.

Nach diesem erholsamen Dahinschlendern wird es Zeit für ein bisschen Action. Also in die Badehose hineingehüpft und los geht's.

Eine Runde Schwimmen in der glasklaren Norikusbucht ist dafür der perfekte Auftakt. In dieser Bucht ist nämlich das Planschen erlaubt, denn Schilf und Kiesel sorgen für eine gute Wasserqualität.

Als Nächstes könnten die Tretboote ins Spiel kommen. Für nur ein paar Euro kann man sie ausleihen. Doch die Auswahl fällt nicht leicht. Denn die Flamingos in Quietschpink, die Entlein in Sonnengelb oder die stolzen Schwäne, sie alle sind wunderschön und eine Seereise wert.

Corinna und Nele-Sophie haben sich für das froschgrüne Autoboot entschieden. Eine gute Wahl, schließlich soll mit dieser Rundfahrt der Geburtstag des kleinen Schwesterleins gefeiert werden.

Danach vielleicht noch eine vergnügte Runde mit Paddeln im Stehen? Und abschließend im Bewegungspark an Land noch simultan die Hüften schwingen lassen für eine gute Figur? Warum nicht?

Mit einem entspannten Chillen auf der grünen Wiese klingt der Tag perfekt aus. Und während man schließlich die Badehose wieder einpackt, versinkt die Sonne langsam hinter den Bäumen. Was für eine glückliche Zeit zu zweit am See!

DREI ALLES AUSSER GEWÖHNLICHE SPIELPLÄTZE FÜR KINDER

Weil es auch Kiddies bei Sonnenschein nach draußen zieht:

➼ 1. Bauen, sägen, hämmern: der Baui

Der Bauspielplatz ist unter Insidern schon legendär. Er bietet eine alternative Möglichkeit des Spielens in der Stadt. Fast als wäre man auf dem Land. Denn Hühner gibt es auch!
Zugspitzstraße 181, 90471 Nürnberg, www.baui-online.de

➼ 2. Matschen, gießen, planschen: Wasserspielplatz Norikusbucht

Ein echtes Paradies bei schönem Wetter ist der Wasserspielplatz am Wöhrder See mit Wasserlauf und Springbrunnen. An Wechselkleidung denken!
Tullnau, 90402 Nürnberg

➼ 3. Kriechen, hängen, rutschen: Kletterspielplatz Fuchsloch

Der actionreiche Kletterspielplatz am Fuchsloch ist ein Traum für abenteuerlustige Kriechtunnel-Forscher und Holzstangen-Erklimmer!
Johann-Sebastian-Bach-Straße 20, 90429 Nürnberg

➼ Buchtipp:

Weitere tolle Vorschläge für kindgerechte Entdeckungstouren gibt es im Buch von Anke Landleiter »111 Orte für Kinder in Nürnberg, die man gesehen haben muss«.

SICH AN DER STANGE GLÜCKLICH TANZEN

SOULDANCE STUDIO

Turnerheimstraße 45, 90441 Nürnberg
www.studio-souldance.de
ÖPNV: Haltestelle Hohe Marter

Bis jetzt wurde nur der Besenstiel mit Leidenschaft geschwungen? Ab heute wird das anders, denn wir wagen den Tanz an der Stange. Im Souldance Studio warten deshalb schon meterlange, vertikale Poles aus Edelstahl auf uns. Und »super nette Lehrerinnen«, schreibt Nadja auf Facebook.

Aufgeregte Vorfreude hat sich im Umkleideraum breitgemacht. Huch! Das Outfit ist ganz schön knapp. Aber das ist gut so, denn Voraussetzung für einen gelungenen Pole Dance ist viel nackte Haut. Schließlich muss man ja irgendwie kleben bleiben können, wenn man an der Stange turnt.

Wenn man sich aufmacht, nach den Wurzeln des modernen Stangentanzes zu suchen, so wird man in den Stripclubs der 1950er Jahre fündig. Denn es waren die holden Damen des Rotlichtmilieus, die das sinnliche Räkeln an der Stange erst verrucht und dann salonfähig machten. Die Mischung aus tänzelnder Bewegung, Körperbeherrschung und viel nackter Haut lockte Bewunderer in Scharen an. Nicht nur männliche.

Wobei, die Stripperinnen waren nicht die Ersten, die eine Stange als Mittel zum Zweck benutzten. In Asien hatten bereits im 12. Jahrhundert harte Kerle das Turnen an Pfählen und Holzstangen zur Stärkung ihrer Muskeln entdeckt. Was man daraus lernt? Was einem Pole Dance bedeuten wird, wie man die Stange gebrauchen möchte, entscheidet man selbst. Ob als Sport mit kraftaufwendigen, akrobatischen Figu-

ren, ob als Dehnübung oder sehr erotisch und sexy als Striptease oder Exotic Dance. Vor allem aber ist es eine wunderbare Möglichkeit, um zu zweit Spaß zu haben.
Und das Allerbeste: Pole Dance sieht nicht erst nach jahrelanger Übung toll aus. Denn bereits im Kurs für Virgins, für jungfräuliche Anfängerinnen, lernt man tänzerische Kombinationen, die wunderschön aussehen, auch wenn die Füße selten den Boden verlassen. Ein Flowen, Sliden und Umkreisen der Stange gelingt genauso in Socken.

Wie gut für uns, dass im Souldance Studio Profis unterrichten. Mareen, die Inhaberin, ist professionelle Tänzerin und ein absolutes Showgirl und hat erfolgreich an internationalen Pole Dance Wettbewerben teilgenommen. Sie möchte, so sagt sie, »Frauen zu mehr Selbstbewusstsein, einem besseren Körpergefühl und Selbstliebe verhelfen.« Denn ob jung, ob alt, ob dick, ob dünn: Wir sind alle schön und dürfen das auch fühlen! Recht hat sie.
Und Roxi, die Mitinhaberin, ist ein wahres Contortion Talent. Sie biegt ihren Körper wie eine verführerische Schlangenfrau. Dafür gab es schon reichlich Pokale. Sie unterrichtet Handstände, Akrobatik und hilft beim serpentinartigen Schlängeln um die Stange. Dass das Verbiegen gesund und sicher geschieht, dafür sorgt ihr Studium der Medizin und des Fitness- und Healthmanagements.

Schließlich ist es so weit: Wir räkeln uns bei schöner Musik und gedimmtem Licht am Boden und heben voller Grazie das Bein. Wir leben unsere sinnliche Seite in Socken aus und verlieren sogar für kurze Momente den festen Boden unter den Füßen. Fast fühlt sich das an wie Schlittschuhlaufen, nur eben viel sinnlicher. Was für ein rundum schönes Glücksgefühl an der Stange!

MIT DEM LIEBLINGSMENSCHEN

Arm in Arm die Stadt erkunden

EIN GEMEINSAMES ERINNERUNGSFOTO KNIPSEN

PEGNITZ MIT MALERISCHER KULISSE

Unschlittplatz 1, 90403 Nürnberg, Zugang barrierefrei
ÖPNV: Haltestelle Lorenzkirche

Unfassbar, wie sehr du mir ans Herz gewachsen bist. Ich liebe es, mit dir tiefsinnige Gespräche zu führen oder völligen Unsinn zu reden. Mit dir zu lachen und zu weinen. Bloß ein richtig schönes Foto von uns beiden, das haben wir nicht.

Deswegen lass uns ein Fotoshooting veranstalten für das grandioseste Erinnerungsbild. Perfekt dafür ist der Unschlittplatz 1, denn es gibt in Nürnberg keinen romantischeren Ort, um zusammen Pegnitz, malerisches Fachwerkhaus, schöne Brücke und mittelalterlichen Turm ablichten zu können. Mitten in der schönen Altstadt und doch fern dem Treiben der shoppingbegeisterten Nürnberger kann man sich hier direkt an der sanft dahinfließenden Pegnitz in Position stellen.

Dieser Ort mit seiner besonderen Stimmung und den Sehenswürdigkeiten ist einfach perfekt. Da ist einmal die steinerne Maxbrücke, über die vielleicht gerade das Bähnchen mit den knipsenden Touristen fährt. Da ist die Kaiserburg in der Ferne, die wie eine Krone die Stadt verziert. Und gleich auf der anderen Seite der Pegnitz befindet sich der Weinstadel aus Fachwerk, den es schon im Mittelalter gab. Heute hippes Studentenwohnheim, auf dessen Holzbalkon oft fleißige Studenten lachend ins Gelehrtengespräch vertieft sind. Daneben der Wasserturm und versteckt hinter Gesträuch das Henkerhaus mit schiefem Dach. Was für eine grandiose Kulisse.

Hier knipsen wir, werfen uns in Positur oder Kussmünder zu und lachen uns dabei kringelig! Und halten diesen unvergesslichen Moment unserer tiefen Freundschaft für immer fest.

EINE VERBORGENE STADTOASE ERKUNDEN

BÜRGERMEISTERGARTEN

Neutor, 90403 Nürnberg
www.nuernberg.de
ÖPNV: Haltestelle Hallertor

Ausgetretene Stufen und ein unscheinbares Türchen in einem alten Sandsteingebäude am Neutor weisen den Weg zum Bürgermeistergarten, einem echten grünen Geheimtipp. Mitten in der Stadt liegt diese wunderschöne Oase, in der man gemeinsam mit dem Lieblingsmenschen die Seele baumeln lassen und sich Tagträumen hingeben kann.

Ursprünglich angelegt als Zwinger, sollte dieses längliche Areal zwischen dem tiefen Stadtgraben und der schützenden Stadtmauer dabei helfen, die reiche Handelsstadt im Mittelalter uneinnehmbar zu machen. Doch schon Ende des 17. Jahrhunderts waren hier Zier- und Obstgärten angelegt, jedoch zur ausschließlichen Erbauung und Freude des Bürgermeisters. 100 Jahre später wurde diese Naturanlage in der Stadt für alle frei zugänglich. Und das ist sie bis heute.

Es ist der perfekte Ort, um fern dem hektischen Treiben auf den Bänken auszuruhen, den Weg entlangzuschlendern und sich dabei von Natur und Architektur verzaubern zu lassen. Denn mächtige Eiben, Rhododendren und Stechpalmen erfreuen das Auge. Und seltene, vom Aussterben bedrohte, faszinierende Moose laden ein, sie näher zu betrachten. Der Pfad schlängelt sich zwischen Grünflächen entlang, vorbei an Türmchen und verwunschen wirkenden Elementen aus Stein, die ehemals architektonisch eingebaut waren und hier nun ihre romantische Zuflucht gefunden haben: Da zwei Engel, die einen Bienenkorb halten, dort ein schönes Steinrelief und hier ein alter Torbogen mit gotischem Maßwerk. Was für ein schöner und kaum bekannter Hort der Erholung!

EINEN KNORRIGEN NÜRNBERGER UMARMEN

PARK AM PLATNERSBERG

Platnersberg, 90491 Nürnberg, Zugang barrierefrei
www.nuernberg.de
ÖPNV: Haltestelle Erlenstegen

Der Ewigkeit einen unvergesslichen Augenblick hinzuzufügen, gelingt mit einer Liebkosung voll tiefer Empfindung. Man braucht dazu nur die richtigen Partner. Da ist natürlich einmal der Lieblingsmensch. Zudem gibt es aber in Erlenstegen eine knorrige Alte, die einem Schillers Zitat zuzuraunen scheint: »Ich sei, gewährt mir die Bitte, in Eurem Bunde der Dritte.«

Es ist die wunderbare Bäreneiche in der ruhigen Parkanlage am Platnersberg, kaum beachtet trotz riesiger Statur. Zusammen mit fünf prachtvollen Alteichen führte sie ehemals zum Lustschlösschen des Herrn Georg Thum, das im 16. Jahrhundert erbaut worden war und heute nicht mehr vorhanden ist. Die Bäreneiche und ihre treuen Begleiter jedoch schon. Besonders dieses bezaubernde Wesen hat eine magische Anziehungskraft, denn sie ist mit einer Höhe von über 28 Metern und mit einem Umfang von mehr als 6,77 Metern der prachtvollste Baum dieser Allee. Und sie ist mit ihren mindestens 350 Jahren einer der ältesten Bewohner Nürnbergs und ein echtes Naturdenkmal.

Ein geerdeter dicker Stamm, eine knorrige Borke als äußeres Klcid und eine Schatten spendende Krone: Diese wunderschöne Eiche scheint nur darauf zu warten, umarmt zu werden. Und tatsächlich: Der berührende Augenblick ist voller Magie. Man schließt die Augen und atmet tief ein. Und fühlt die Kraft dieser besonderen Pflanze, die wegen ihrer Langlebigkeit ein Symbol für die Ewigkeit ist. Der richtige Ort, um sich ein »Ich liebe dich für immer und ewig« zuzuflüstern.

EINE KRAUSE GLUCKE SUCHEN

ARTENKURS: PILZE IM REICHSWALD

Treffpunkt und Termine:
www.nuernberg-stadt.bund-naturschutz.de

… und gemeinsam mit dem Pfifferling schmoren lassen. Rötender Wulstling, Dorniger Stachelbart, Lästiger Ritterling oder Herkuleskeule. Was auf den ersten Blick erscheint, als wären es liebevolle Kosenamen für den heißgeliebten Göttergatten, entpuppt sich beim genaueren Hinsehen als Bezeichnungen für eine andere, nicht weniger faszinierende Spezies: Pilze!

Pilze sind beeindruckend. Denn sie sind sesshaft wie Pflanzen, können aber keine Photosynthese betreiben. Und wie Tiere ernähren sie sich von organischen Substanzen, jedoch besitzen sie kein Gewebe und vermehren sich über Sporen. Pilze bilden deshalb ein eigenes Reich.

Der Nürnberger Reichswald ruft besonders im Spätsommer und Herbst zum Suchen und Finden dieser köstlichen Zutaten für ein feines Gericht. Doch wer weiß schon wirklich, ob dieser dunkelviolette, schöne Pilz zum Verspeisen ist oder lieber nur mit den Augen genossen werden sollte? Der Kopf und die Sinne können ganz schön schwirren bei der Vielzahl der unterschiedlichsten Köpfchen, die aus dem Waldboden herausragen oder am Baum wachsen.

Zum Sammlerglück gibt es den »Artenkurs: Pilze im Reichswald« des BUND Naturschutz. Denn bevor man mit dem eigenen Körbchen hilflos durch den Wald irrt, kann man sich mit Spezialisten auf den Weg machen, um die Grundlagen zu erlernen. Erfahrene Pilzberater wie Claudia Menth von der Naturhistorischen Gesellschaft Nürnberg oder Rainer Edelmann, Vorstand des BUND Naturschutz, zeigen, wie man Pilze sicher erkennt.

Und so trifft man sich am frühen Morgen am Rande des Reichswaldes mit anderen Liebhabern dieser kleinen Waldbewohner. Sowohl Neulinge als auch bereits erfolgreiche Pilzfinder sind mit von der Partie. Gemeinsam mit Korb, kleinem Messer und Notizbüchlein ausgestattet geht es hinein in den duftenden Wald. Das Schöne an diesem Kurs: Nicht die Lieblinge der Speisepilzsammler stehen im Vordergrund wie der Pfifferling oder der Steinpilz, sondern der Pilz im Allgemeinen. Deswegen werden auch ungenießbare und giftige Pilze genau betrachtet und mit Bestimmungskriterien entschlüsselt. Gemeinsam geht man auf Entdeckungsreise. Mal wird diskutiert, gerätselt und gelacht. Dann wieder ist jeder in die Suche vertieft und nur das Klopfen des Spechtes hallt durch den bezaubernden Reichswald, der schon im Mittelalter ein beliebter Erholungsort der Nürnberger war.

Mit gelernten Tipps und Tricks rund um das Pilze-suchen-und-finden, mit lachendem Herzen und mit einem gefüllten Körbchen geht es dann beschwingt nach Hause. Vielleicht war das Glück hold und man trägt Pfifferlinge und Steinpilze in die heimatliche Küche. Oder eine Krause Glucke, auch bekannt als Fette Henne. Denn sie ist, so Herr B., ein erfahrener Pilzkenner, »ein anständiger Speisepilz … und sehr schmackhaft.«

Wie man Pilze wie Champignons, Krause Glucken und Co. zubereiten sollte? Miraculix, der ehrwürdige Druide bei Asterix und Obelix weiß im Comicabenteuer »Asterix bei den Olympischen Spielen« Rat: »Wir lassen sie … in Butter schmoren, nur so behalten sie ihren typischen Geschmack.«

REZEPT FÜR DIE BRENNNESSELSUPPE DES WOLF-DIETER STORL

Es müssen ja nicht immer Pfifferlinge, Krause Glucken oder Steinpilze an den heimischen Herd getragen werden. Wie wäre es einmal mit der Vitaminbombe Brennnessel? Das Schöne: Sie wächst gleich vor der Gartentür. Nach dem Verzehr der leckeren frischen Brennnesselsuppe des heilpflanzenkundigen Kulturanthropologen und Ethnobotanikers Wolf-Dieter Storl fühlt man sich top fit. Und lecker ist sie auch noch! Hier das Rezept:

6 Stangen Lauch, in Stücke geschnitten, in Butter dünsten, mit 1 Liter Milch ablöschen und unter ständigem Rühren weich kochen. Danach 4 Tassen fein gehackte Brennnesseln, etwas Salz und 2 bis 3 Esslöffel gekochte Haferflocken hinzufügen. Aufkochen und heiß servieren.

Guten Appetit!

➤➤ www.storl.de

IN DIE WELT DER FLEDERMÄUSE EINTAUCHEN

NATURLEHRPFAD PLATNERSBERG

Platnersberg, 90491 Nürnberg, Zugang barrierefrei
www.nuernberg-stadt.bund-naturschutz.de
ÖPNV: Haltestelle Erlenstegen

Wenn sich die Abenddämmerung wie eine Gute-Nacht-Decke über die Stadt legt, dann erwachen am Platnersberg ganz besondere Bewohner Nürnbergs. Manche von ihnen sind so klitzeklein, dass sie im zusammengeklappten Zustand in eine Streichholzschachtel passen würden und das Gewicht eines Würfelzuckers haben.

Es sind die faszinierenden Fledermäuse, die einzigen Säugetiere, die fliegen können. Sie können mit ihren Ohren sehen und mit 800 Herzschlägen pro Minute durch die Lüfte sausen. Sie leben versteckt und geben deshalb bis heute noch viele Rätsel auf. An Schnauze, Ohren und Unterarmen können Fachleute die Arten bestimmen. Deswegen weiß man, dass von den weltweit rund 900 Arten allein 16 in Nürnberg leben. Bechsteinfledermaus oder Langohrfledermaus sind die größeren Vertreter. Die putzigen Zuckerstückchen sind die Zwerg- und die Mückenfledermaus. Der ruhige Park am Platnersberg im vornehmen Stadtteil Erlenstegen bietet ihnen allen mit seinen uralten Eiben, Erlen und Eichen ein wunderbares Zuhause.

Ein im Jahr 2014 vom BUND Naturschutz eingeweihter, kleiner Naturlehrpfad mit Tafel lädt dazu ein, mittels QR-Code den Ultraschalltönen dieser Tierchen zu lauschen, und erklärt, wo man sie sichten kann. So hat die Wasserfledermaus in der denkmalgeschützten Bäreneiche ihren Sommerwohnsitz. Und den Abendsegler kann man in der Dämmerung bei den Fledermauskästen flattern sehen. Wie romantisch!

Fledermäuse
Vögel mit Fell oder Mäuse mit Flügel
Weder, noch: Fledermäuse gehören zur Ordnung der Fledertiere. Es sind die einzigen Säugetiere, die fliegen können!
Wie viele Arten gibt es?
Welche Arten gibt es am Platnersberg?
Der Platnersberg mit seinen alten Bäumen ist ein
Schwarzerle am Platnersberg – Steckbrief
(Alnus glutinosa)
NÜRNBERG

GEMEINSAM NACH BÜCHERN STÖBERN

BÜCHERSCHRANK NÜRNBERG

Egidienplatz 12, 90403 Nürnberg, Zugang barrierefrei
www.buergerstiftung-nuernberg.de
ÖPNV: Haltestelle Egidienplatz, Lorenzkirche oder Rathenauplatz

Ein Sonntag im Bett ist gemütlich und nett. Aber immer nur Kissenschlachten zu veranstalten, kann langweilig werden. Wäre es nicht bezaubernd, sich gemeinsam auf die Suche nach der nächsten Bettlektüre zu machen? Denn das Finden des neuen Lieblingsbuches außerhalb des Buchladens kann eine ganz besondere Unternehmung sein.

Direkt neben der Egidienkirche wartet nämlich eine Schatztruhe darauf, geöffnet und achtsam durchstöbert zu werden. Die Bürgerstiftung Nürnberg, unterstützt vom Verein Egidienberg e.V., hat gleich neben dem Haupteingang der prachtvollen Barockkirche einen jederzeit zu öffnenden öffentlichen Bücherschrank aufgestellt. Ohne Formalitäten und ohne Leihfristen kann man ein kleines Taschenbuch oder einen dicken Wälzer mitnehmen oder auch einstellen. Was für eine wunderschöne Idee!

Gemeinsam die Glastür zu öffnen und sich überraschen zu lassen, welche Literatur man hier finden wird, ist amüsant. Gefällt das lateinische Erbauungsbüchlein? Vielleicht. »Klinikleitfaden zur OP-Pflege«? Eher nicht. »Der verliebte Dschjnn« oder »Sturm über verschlungenen Pfaden« hören sich für ein Tête-à-Tête im Bett schon richtig gut an. Doch halt: Das ist es! Der zufällig gefundene Bestsellerroman »Vollidiot« von Tommy Jaud bringt einen richtig zum Grinsen. Denn in dem Männerroman geht es um einen nicht immer sympathischen Kerl, der schließlich doch noch seine Traumfrau findet. Die perfekte Bettlektüre mit dem besten Mann der Welt!

TOMMY JAUD
VOLL IDIOT
DER ROMAN
Söhne des Ikarus
DIE LIEBE
TERRA MAGNA
CACAU
Der Spatz
MEIN HERZ SO WEISS
JACK DER BÄR
Mit meinem Pony durch dick und dünn
zwischen vierzehn und achtzehn
Christine
THEODOR STORM

IN DER MORGENSONNE ÜBER DEN BAUERNMARKT SCHLENDERN

PALMPLATZ

Palmplatz 13, 90419 Nürnberg, Zugang barrierefrei
www.nuernberg.de
ÖPNV: Haltestelle Hallerstraße oder Klinikum Nord

»Tu net weniger arbeitn beim Hexenschuss. Arbeit einfach noch mehr!« Bauer Bock ist die gute Seele auf dem kleinen Markt mit den rot-weiß beschirmten Ständen im bezaubernden Stadtviertel St. Johannis. Er kennt die ganze Nachbarschaft und außer seinem »Gmüs« bringt er auch wertvolle Gesundheitstipps an den Mann. Oder an die Frau.

Nur zweimal die Woche findet auf dem Palmplatz vor der Friedenskirche der grüne Markt statt. Dieses Gotteshaus aus Backsteinen mit seinem von der Romanik inspirierten Portal bildet eine wunderschöne Kulisse für einen entspannten Marktbummel zu zweit. Und eine Portion Romantik obendrauf schenkt der kleine, plätschernde Brunnen am Rand des Platzes.

Seit 1994 gibt es den Palmplatzmarkt. Angeboten wird hier das, was die Äcker der Region hergeben. Dazu kommen noch Köstlichkeiten wie selbst gemachter Käse, frischer Kaffee oder fränkischer Honig. Natürlich ist der goldige Herr Bock ein Mann der ersten Stunde, denn er war, wie er sagt: »von Anfang an dabei«. Detlev Bock ist leidenschaftlicher Bauer durch und durch. Die Eier, die er verkauft, sind aus seinem Stall und die Blumen wachsen auf seinem Feld. Und sein Gemüse, ob Sellerie, Lauch oder gelbe Rüben, baut er selbst an oder kauft es aus der Region. »Als Kind hab ich ja gar kein Gmüs gmocht. Aber heut ess ich nur noch Gmüs. Am liebsten ess ich Lauchgmüs. Weil der Geschmack vom Lauchgmüs … seufz.«

Während man noch amüsiert den Worten dieses Nürnberger Originals lauscht, beginnen die Glocken der Kirche zu läuten. Und das klingt mächtig, schließlich hängen in der geräumigen Glockenstube elf prachtvolle Schellen, darunter die Friedensglocke. Sie ist, man mag es kaum glauben, in ganz Bayern die schwerste unter den evangelischen Kirchenglocken.

Und schon ist er da: Pfarrer Ulrich Willmer (Foto) ist bei Bauer Bock erschienen und berichtet nun über seine Leidenschaft. Ganz besondere Schäfchen seiner Kirchengemeinde fordern seine Seelsorge. Es sind die Wanderfalken, die anstelle der Turmfalken im Kirchturm eingezogen sind. Da sie jedoch die größten Vertreter ihrer Gattung sind, sind nun die Räume des Gotteshauses hoch oben in himmlischer Luft zu beengt für sie. Oweia! Die Rettung naht in großen Schritten. Als wäre des Pfarrers Stoßgebet erhört worden, eilt sogleich ein Herr heran, der sich als Falkenfachmann outet und sich mit dem Geistlichen verabredet hat. Ein Termin beim Bauern Bock seinem Gmüs sozusagen.

Ach Gott, ist das schön. Heitere Stunden sind einem hier gewiss. Man hat das Gefühl, als wäre auf diesem Platz die Uhr stehen geblieben. Ein bisschen fühlt man sich zurückversetzt in die Zeit von Don Camillo oder Monsieur Hulot. Denn nichts scheint hier wichtiger zu sein als die sonnigen Morgenstunden zu genießen, während man über den Markt bummelt und kleine Schwätzchen hält. Natürlich hält auch der Pfarrer mit scinen kulinarischen Tipps nicht hinter dem Ölberg. Den Lauch findet er ebenfalls unbestritten lecker. Sein Favorit jedoch ist die Tomate in all ihren unterschiedlichen Farben und Formen. Pfarrer Willmers himmlisches Kochrezept: »Selbst gemachte Tomatensoße! Tomaten durchpassieren, köcheln lassen und mit einer netten Knoblauchnote versehen.« Vergelt's Gott, Herr Pfarrer!

DREI ALLES AUSSER GEWÖHNLICHE ORTE BEIM PALMPLATZMARKT

➽ Stromkasten der Liebe
Dieser Stromkasten in der Leuchsstraße 3 ist eine nachbarschaftliche Tauschbörse. Hier findet man Dinge, die zum Wegwerfen zu schade waren. Lisa: »Mal liegt nichts dort … mal ganz viel. Und immer Unterschiedliches. Sehr spannend.«
www.facebook.com/stromkastenderliebe

➽ Café Dampfnudel-Bäck
Bei Café Dampfnudel-Bäck lässt sich der Hunger wunderbar mit Pfarrer Willmers Lieblingsgemüse, der Tomate, stillen. Zum Beispiel: Gefüllte Nudeltaschen mit frischen Kräutern in Rucola-Tomatensahne (siehe Tageskarte).
www.dampfnudelbaeck.de

➽ Eis im Glück
Die Leidenschaft von Michael Medrea und Katrin Hirschman für richtig gutes Eis ist unser Glück. Im Eislabor in Schnepfenreuth wird täglich 100 % natürliches Eis gezaubert. Das Besondere: Es gibt »verrückte« Sorten wie zum Beispiel »Bier« oder »Salzbrezel«. Janine: »… megaleckeres Eis.« Eine außergewöhnliche Eismanufaktur, die happy macht.
www.eisimglueck.de

KUNSTGESPRÄCHE IM GARTEN FÜHREN

STÄDTISCHER SKULPTURENGARTEN

Frauentormauer, 90402 Nürnberg, Zugang barrierefrei
www.nmn.de
ÖPNV: Haltestelle Hauptbahnhof

Nur einen Katzensprung vom Hauptbahnhof entfernt kann man in einem ganz besonderen Freiluft-Kunstraum die Zweisamkeit genießen und sich auf den Bänken ein bisschen Ruhe gönnen.
Gestiftet wurde dieser städtische Skulpturengarten 2004 von den Kunstmäzenen Marianne und Hansfried Defet und kuratiert wird er heute vom Neuen Museum. Direkt neben dem Handwerkerhof kann man ihn durch eine in die Sandsteinmauer eingelassene, schmiedeeiserne Pforte betreten.

Bei genauerem Erkunden der kleinen grünen Oase erkennt man, dass man sich auf dem ehemaligen Zwinger der mittelalterlichen Stadtbefestigungsanlage befindet. Den Namen Frauentormauer erhielt die Stadtmauer in diesem Bereich wegen der Nähe zum angesehenen Klarissenkloster, in dem keine Geringere als Caritas Pirckheimer bei ihren Nonnen für Ordnung und Bildung sorgte und höchst intellektuelle Dispute mit Melanchthon ausfocht.

Wer selbst Freude an Gelehrtengesprächen hat, ist hier an genau der richtigen Stelle. Denn neun zeitgenössische Plastiken ausgezeichneter Künstler bieten die Möglichkeit, Meinungen auszutauschen.

Ob das vierteilige »Tempelchen« des deutschen Künstlers Johannes Brus, die »Verschiebung Nr. 7« des japanischen Bildhauers Hiromi Akiyama, der »Stein zur Meditation« des freiheitsliebenden Österreichers Karl Prantl oder die »Baumkrone« des Aktionskünstlers Timm Ulrichs, sie alle bieten die Möglichkeit zu wilden Diskussionen an ruhigem Ort.

BEI DEN POMERANZEN DIE EWIGE JUGEND FINDEN

HESPERIDENGÄRTEN

Johannisstraße 13 und 47, 90419 Nürnberg, Zugang barrierefrei
www.nuernberg.de/internet/stadtportal/parks.html
ÖPNV: Haltestelle Hallerstraße oder Klinikum Nord

Dort, »wo die Zitronen blühn, im dunkeln Laub die Goldorangen glühn ...«. Ob Johann Wolfgang von Goethe bei seinen Aufenthalten in Nürnberg jemals die aufwendig gestalteten Gartenanlagen in St. Johannis besichtigt hat? Gefallen hätten sie ihm auf jeden Fall. Denn nach dem Vorbild der italienischen Renaissance ließen sich in der Barockzeit die Nürnberger Patrizier vor den Stadttoren bezaubernde Anwesen mit wunderschönen Gärten errichten. »Gott zum Gruß, holder Patrizier!«, möchte man deshalb beim Betreten solch eines Kleinods ausrufen. Hesperidengärten werden diese Schätze Nürnberger Gartenkunst seit dem Druckwerk des Kaufmanns und Botanikers Johann Christoph Volkamer aus dem Jahr 1708 genannt. Heute stehen die Häuschen unter Denkmalschutz, die handtuchförmigen Gärten an deren Rückseiten jedoch können kostenlos besucht werden.

Die absoluten Stars in diesen Gärten waren ehemals die Zitrusfrüchte und Pomeranzen. Wegen ihrer gelben Farbe erinnerten sie an die goldenen Äpfel, die die griechischen Götter in ihren Gärten von den Hesperiden bewachen ließen. Denn diese heißbegehrten Früchtchen sollten ewige Jugend und Unsterblichkeit sichern.

Ein bisschen jugendliche Frische tanken ist nie verkehrt. Darum, liebe Johanna oder lieber Wolfgang, lass uns die Wege mit den Steinfiguren und den Zitronenbäumchen entlangpromenieren und dem sanften Plätschern der Brunnen lauschen. Lass uns auf den Bänken entspannen und im Kräutergarten die duftenden Pflanzen genießen, während über uns »ein sanfter Wind vom blauen Himmel weht«.

Und vor allem: Lass uns dieses besondere Pflanzenkunstwerk versierter Gärtnerhände bewundern, dieses aus Buchsbäumchen geformte Zeitmessgerät. Denn es ruft uns zu: »Macht es wie ich, die Sonnenuhr, zählt die heiteren Stunden nur!« Das machen wir. Mit Vergnügen!

STREETART AUF EINER TOUR BESTAUNEN

PROJEKT »BETONLIEBE«

Möglicher Startpunkt: Parkhaus Frankencenter
90473 Nürnberg, Zugang barrierefrei
www.nuernberg.de
Hier findet man auch eine kostenlose Komoot-Tour
für das GPS-fähige Smartphone
ÖPNV: Haltestelle Langwasser Mitte oder Langwasser Süd

Hans, guck doch mal in die Luft! Denn das, was durch das Projekt »Betonliebe« in Langwasser an den hohen Betonwänden entstanden ist, zieht die Blicke an und lässt die Herzen höherschlagen. Die grauen Wolkenkratzer haben nämlich Farbe bekommen. Weltbekannte Streetart-Künstlerinnen und -Künstler haben sie mit faszinierenden Wandbildern bemalt. Perfekt, liebe Hanna oder lieber Hans, um zu zweit einen ganz besonderen und doch so wenig bekannten Stadtspaziergang zu unternehmen.

Langwasser ist multikulturell. Man trifft dort Frauen, Männer und Kinder aus Tschechien, Russland oder Australien. Hier leben um die 40.000 Nürnbergerinnen und Nürnberger, davon die Hälfte mit Migrationshintergrund, friedlich zusammen. Das Gemeinschaftshaus Langwasser hat nun seit dem Jahr 2019 begonnen, auch die grauen Betonwände bunt werden zu lassen. Für das Wohlgefühl aller großen und kleinen Bewohner. Und für alle, die sich für Streetart begeistern.

Um die Werke international anerkannter Künstlerinnen und Künstler zu bewundern, muss man nun nicht mehr nach Bristol oder Berlin reisen. In Nürnberg kann man entspannt zu zweit eine Guck-in-die-Luft-Tour unternehmen und knallbunte Graffitis und riesengroße Murals bestaunen. Denn mit Spraydose und Wandfarbe

haben sich Kunstschaffende, deren Arbeiten auch in Galerien zu finden sind, ans Werk gemacht.

Beginnt man mit der gemeinsamen Tour am Parkhaus des Frankencenters, ist man sofort fasziniert vom Werk »Restart« des Leipziger Sprayers Bond Truluv. Beim genauen Hinsehen erkennt man, dass der Künstler architektonische Eigenheiten des Parkhauses wie Fenster oder Aussparungen malerisch fortgesetzt hat. Eine illusionistische Wirkung entsteht. Surreal und magisch wird das Graffiti mit einer Augmented Reality App (Artivive), denn sobald man das Kunstwerk mit der Handykamera einfängt, beginnt ein Video auf dem Smartphone zu starten und das Graffiti zu kullern und zu tänzeln. Ein digitales Kunstwerk ist entstanden. Kein Wunder, dass Bond Truluv weltweit erfolgreich ist.

Faszinierend geht es weiter mit dem »Weltempfänger« der polnischen Künstlerin und Professorin Aleksandra Toborowicz. Ihr Mural eines alten Grundig-Radios am Betriebshof des Gemeinschaftshauses Langwasser zeigt anstelle der Sendernamen die Herkunftsorte der Langwasserbewohner wie Ungarn, Mongolei oder USA.

Auch mit dem Künstler Loomit, der schon seit den 1980er Jahren riesengroße Wände bearbeitet, hat in Langwasser ein absoluter Star in den Farbtopf gegriffen. Dass in seinem Nürnberger Werk in der Windthorststraße der Dürerhase auftaucht, ist dabei sehr sympathisch. Auf diesem hohen Niveau geht es weiter. Ob das Londoner Trio Tizer, Shucks & Relay mit »Diversity«, SatOne mit seinem kunterbunten »Langwasser«, Nasca1 mit der umwerfenden »Wanderin«, Cris Krieger, Highner oder Capolart … in Langwasser macht es Spaß, zum Hans-guck-in-die-Luft zu werden.

Und wer Lust hat, selbst die Spraydose in die Hand zu nehmen: An Nürnbergs erster und einziger Legalwall am Familienzentrum in der Imbuschstraße sind Jung und Alt herzlich willkommen.

MIT DER APP ARTIVIVE DER KUNST LEBEN EINHAUCHEN

Mit einem Smartphone und der kostenlosen Augmented Reality App »Artivive« kann man Kunstwerke in neuer Dimension betrachten. Vorausgesetzt, der Künstler, das Museum oder die Kunsteinrichtung haben das analoge Werk auf digitaler Ebene erweitert. Informationen über Arbeitsschritte oder zum Beispiel Restaurierungsmaßnahmen können so ganz leicht und interessant vermittelt werden. Es können aber auch wie bei dem Künstler Bond Truluv ganz neue Kunstwerke in digitaler Form entstehen.

Übrigens wurde Artivive im Jahr 2017 von Sergiu Ardelean und Codin Popescu in Wien gegründet. Da sie mittlerweile in über 90 Ländern mit Kunst- und Kulturschaffenden zusammenarbeiten, ist es sehr empfehlenswert, sich die App auf das Handy zu laden. Denn wer gern mit seinem Lieblingsmenschen unterwegs ist, kann so gemeinsam weltweit augmentierte Kunst genießen.

www.artivive.com

DIE AUSSICHT AUF DIE WILDROMANTISCHE PEGNITZ GENIESSEN

KONTUMAZGARTEN

Kontumazgarten, 90429 Nürnberg, Zugang barrierefrei
(Ausnahme: Aussichtspodest)
www.nuernberg.de/internet/stadtportal/parks.html
ÖPNV: Haltestelle Weißer Turm oder Plärrer

Der Kontumazgarten ist ein bezaubernder Ort, um mit seiner Herzensdame entspannt zu flanieren, auf neu gestalteten, wassernahen Bänken auszuruhen oder gefühlvoll zu werden. Direkt vor der Stadtmauer an der malerischen Pegnitz liegt dieser kleine Park, den man angenehm zu Fuß durch einen Tunnel unterhalb der Hallertorbrücke erreichen kann.

Im 15. Jahrhundert wohl im Besitz der Patrizier Holzschuher, wechselte das Fleckchen direkt vor der Altstadt mehrmals den Besitzer, bis es ab 1666 als Quarantänestation für ankommende Waren genutzt wurde.

Heute bilden hier rosafarbene Blumensträucher den malerischen Hintergrund für das Sitzen auf den Bänken mit Blick auf die Pegnitz. Kleine Gehwege führen zu Sitzstufen hinab und ein Aussichtspodest lädt dazu ein, am wildromantischen Fluss innig zu werden. Festen Boden hat man hier verlassen, denn einem Schiffsbug ähnlich ragt die Plattform über das Wasser. Wenn das keine wunderbare Gelegenheit ist, um großartige Augenblicke berühmter Liebesfilme nachzuempfinden. Mit galantem Charme kann man hier die Auserwählte umarmen, während sie die Arme ausbreitet, als könne sie fliegen. Was für ein titanischer Hollywoodmoment. Sollte dies der Angebeteten zu weit gehen, so bleibt immer noch das gemeinsame Entzücken über den grandiosen Blick auf das andere Pegnitzufer mit dem imposanten Denkmal von Ludwig van Beethoven und dem Neutorturm. Schulter an Schulter.

SICH IN DER GRÜNEN SCHATZKAMMER ERHOLEN

STADTPARK

Bayreuther Straße, 90409 Nürnberg, Zugang barrierefrei
www.nuernberg.de/internet/stadtportal/parks.html
ÖPNV: Haltestelle Rennweg

»Alles scheint Natur, so glücklich ist die Kunst versteckt.« Fast könnte man meinen, Christian C. L. Hirschfeld, der berühmte deutsche Gartentheoretiker der Aufklärung und ein leidenschaftlicher Fürsprecher des Landschaftsgartens, spricht über unseren wundervollen Stadtpark. Dabei ist Hirschfeld ja schon vor fast 230 Jahren gestorben und kann somit niemals unseren heutigen Stadtpark gesehen haben und außerdem ist er nie in Nürnberg gewesen. Zumindest ist nichts bekannt.

Zu zweit mitten in der Stadt Naturglücksgefühle bekommen: Das ist das Motto dieser gemeinsamen Unternehmung. Kaum hat man nämlich den Stadtpark betreten, so ist nach nur wenigen Metern der Verkehrslärm nicht mehr zu hören und der Trubel der Stadt vergessen.

Natur, wohin man blickt, denn wertvolle Altbäume, Rosengärten und ein Rosenhügel bereichern die weitläufigen Wiesenflächen. Gartenhöfe und berankte Laubengänge entzücken und Wasser in den verschiedensten Formen beruhigt, ob als Stadtweiher, Brunnen oder Wasserlauf. Und tatsächlich, die Kunst ist gar glücklich versteckt, denn Gedenksteine, Denkmäler, Steinvasen oder die Straße der Kinderrechte offenbaren sich oftmals eher zufällig beim Spaziergang, dann aber umso lieblicher. Dazu gibt es einen kleinen Parkkiosk und die moderne Café-Restaurant-Event-Location Parks mit Seeterrasse.

Perfekt! Der schöne Stadtpark ist für die unterschiedlichsten Lieblingsmenschenpaare ein wunderbares Erlebnis. Für Baumliebhaber ist es eine Freude, dass man schon um das Jahr 1759 angefangen hatte,

Linden und Rosskastanien planmäßig zu pflanzen. So können heute zu zweit mächtige, uralte Bäume bewundert werden. Und wegen der Rosskastanien kommen auch leidenschaftliche Bastler nicht zu kurz, denn im Herbst lässt sich gemeinsam fleißig das Material für Kastanientierchen einsammeln.

Für Wirbelwinde und Drachensteiger sind die ausgedehnten Wiesen perfekt. Denn dort, wo sich einst im Jahr 1787 der französische Ballonfahrer Jean-Pierre Blanchard auf seine sensationelle »achtundzwanzigste Aërostatische Reise« (www.museenblog-nuernberg.de) in die Lüfte begab, kann man heute die Bälle oder Drachen fliegen lassen. Für Blanchards luftiges Spektakel wurden sogar die Geschäfte geschlossen und es gab Menschenaufläufe auf der Wiese. Das wird wohl heute nicht mehr passieren. Aber vielleicht gelingt es, mit ausgefallenen Ballwürfen oder tollen Drachenkapriolen ein kleines Grüppchen Schaulustiger zu begeistern. Wer weiß?

Für Forscher und Entdecker stehen Steinvasen und Gedenksteine bereit. Sie erinnern unter anderem an das erste deutsche Sängerfest oder die erste Landesaustellung im 19. Jahrhundert.

Für Erholungssuchende und Naturliebhaber schließlich gibt es die schönen Gartenhöfe und Laubengänge zum Spazieren, die zahlreichen Bänke und Liegen zum Ausruhen und die Weiher und den Neptunbrunnen zum Bewundern.

Und für Liebespaare und alle, die es werden wollen, laden die blühenden und duftenden Rosengärten und der bezaubernde Rosenhügel zum Hand-in-Hand-Schlendern und Küsschengeben ein. Der Stadtpark: eine grüne Schatzkammer für alle Glücklichen!

EIN PICKNICKKÖRBCHEN IN DEN STADTPARK MITNEHMEN

Picknicken im Park, das wäre doch das i-Tüpfelchen zum Glück, nicht wahr? Die Café-Restaurant-Event-Location Parks bietet hierfür köstliche Boxen zum Mitnehmen an. Da gibt es die Frühstücksbox mit süßen und herzhaften Köstlichkeiten, natürlich auch in vegetarischer Variante. Und es gibt die süße Box mit Leckereien für den entspannten Nachmittagskaffeeklatsch auf der Picknickdecke mit Croissant, Käsekuchen, Müsli und Co. Und für einen besonderen Anlass kann man sogar einen Blumenstrauß hinzufügen lassen. Wie bezaubernd!

➳ www.parks-nuernberg.de

IM HÄNGENDEN GARTEN VERGNÜGLICHE ZEITEN VERBRINGEN

BURGGARTEN

Am Ölberg 31, 90403 Nürnberg
Zugang bedingt barrierefrei (Kopfsteinpflaster)
www.kaiserburg-nuernberg.de
ÖPNV: Haltestelle Tiergärtnertorplatz, Burgstraße oder Lorenzkirche

Pst! Nicht weiterverraten. Denn dies ist der absolut bezauberndste Ort mitten in der Nürnberger Altstadt, um zu zweit eine märchenhafte Auszeit vom Trubel zu nehmen. Obwohl nicht unbekannt, verschlägt es nur wenige hierhin. Ein verschwiegenes Plätzchen sozusagen. Vielleicht liegt es daran, dass man erst einmal einen Teil des Burgbergs erklimmen darf? Dann durch das alte Tor und schnurstracks nach links abgebogen. Und schon ist man angekommen: im sehr romantischen Burggarten mit grandiosem Blick auf die Stadt. Gibt es etwas Schöneres?

Vogelgezwitscher und Blütenduft laden beim Betreten dieses abgeschirmten, idyllischen Gartens erst einmal ein, stehenzubleiben und tief durchzuatmen. Ach, ist das herrlich hier! Dass man sich eigentlich auf einer klug ausgedachten Befestigungsanlage befindet, die zwischen 1538 und 1545 unter der Leitung des italienischen Festungsbaumeisters Antonio Fazuni errichtet und später zu einem hängenden Garten über der Stadt umgestaltet wurde, merkt man erst beim genaueren Erkunden. Wie schön sind die Rabatten aus Wildem Salbei oder Hibiskus, eingerahmt von Buchs. Und wie zauberhaft ist der schwebende Ring aus geschnittenem Feldahorn. Dieser liebevoll gepflegte Formgarten mit Blick auf Kaiserburg, Türme und die Stadt lädt zum entspannten Flanieren, Riechen und Bewundern ein. Was für ein Vergnügen!

SICH IN EINE ANDERE GALAXIE BEAMEN

PARKWOHNANLAGE ZOLLHAUS

Planetenring, 90471 Nürnberg, Zugang barrierefrei
ÖPNV: Haltestelle Bauernfeind

Captain Kirk hätte seine wahre Freude an diesem Ausflug in eine ganz besondere Galaxie. Denn in diesem speziellen Sternensystem trifft sich der Planetenring mit dem Jupiterwinkel. Auch der Neptunweg oder die Sonnenstraße sind nicht weit entfernt. Und das mitten in Nürnberg. Wie aufregend ist das denn!

Die Anreise kann raumschiffähnlich unternommen werden. Nun gut, zumindest führerlos. Das ist ja auch schon mal spannend. An der U-Bahn-Haltestelle Bauernfeind wird das unterirdische Transportmittel verlassen. Juhu! Die interessante Zeitreise in die 1950er und 1960er Jahre kann beginnen! Auf einer ehemals 30 Hektar großen Grünfläche entstand ab 1957 aus Wohnungsnot für die Mitarbeiter und Bediensteten der Eisenbahn ein faszinierendes, in sich geschlossenes Ensemble: die Parkwohnanlage Zollhaus – Planetenring des Architekten Gerhard Günther Dittrich. Sie war zur Entstehungszeit einzigartig und damit Vorbild und Anregung für viele Projekte in ganz Deutschland. Sozusagen ein architektonisches Gesamtkunstwerk des Schöner Wohnens aus der Zeit der Pfennigabsätze und der Elvis-Tolle. Die Mischung aus den unterschiedlichsten Bauwerken in Kombination mit Kunst und Natur machte die gesamte Anlage so fortschrittlich. Großzügige und moderne Bauweise, viel Licht und viel Grün, dazu geschwungene Straßen und noch Kunst allerorten: was für eine liebenswerte Siedlung. Kein Wunder, dass man diese bezaubernde Anlage 1999 unter Denkmalschutz gestellt hat. Und sie trotzdem fast vergessen schlummert. Deswegen ist es eine originelle Unternehmung, gemeinsam Arm in Arm

SATURNWEG

entlangzuschlendern und all die architektonischen Besonderheiten zu erkunden. Amüsiert stellt man fest, dass zukunftsorientierte Architektur mit Planetennamen aus dem Weltall verknüpft wurde. Denn die Straßen heißen Marsweg oder Sonnenstraße. Wunderschöne Straßenschilder aus Zementguss und in der Form von Zirkeln stehen hier. Und mit Mosaikschmuck der jeweiligen Gestirne weisen sie dem Fußgänger oder dem Autofahrer auf kunstreiche Art den Weg. Es macht Freude, immer wieder ein anderes Straßenschild zu entdecken und die gläsernen Mosaiksteinchen darauf ganz genau zu beäugen. Besonders schön ist der Saturnweg oder der Erdwinkel gestaltet. Der Neptunweg kann sich aber auch sehen lassen. Und der Marsweg sowieso. Ach, sie sind einfach alle bezaubernd.

Zum Bewundern lädt außerdem ein besonders gelungenes Ensemble im ellipsenförmigen Zentrum ein: ein 16-stöckiges Hochhaus mit vielen rechten Winkeln und in seiner Nüchternheit sehr modern. Und direkt davor ein organisch gerundetes Heiz- und Waschhaus, das laut ruft: »Seht mich an! Ich bin hier die Avantgarde! Ich bin die künstlerische, ästhetische Idee des Fortschritts! Auch wenn ich nun schon in die Jahre gekommen bin.« Faszinierende Kunst am Bau ist ebenfalls immer wieder zu entdecken. Ob Flacheisenornamente an Fassaden oder farbige Sgraffitobilder, die an Garagenrückwänden in den Putz eingekratzt wurden.

Als Ausklang dieser Zeitreise in fremde Galaxien kann man dann noch die fast unendliche Weite des Parks mit den wunderschönen Skulpturen und dem kleinen Weiher erkunden. Bevor man sich wieder in die Gegenwart beamt! »Scotty? Wann fährt die nächste U-Bahn?«

MIT DEM LIEBLINGSMENSCHEN

Miteinander entspannen

DIE HERBSTSONNE GENIESSEN

LUDWIG-DONAU-MAIN-KANAL

Möglicher Startpunkt: Finkenbrunn, 90469 Nürnberg, Zugang barrierefrei
ÖPNV: Haltestelle Am Ludwigskanal, Südfriedhof oder Falkenheim

Wenn aus den sommerlichen Morgenkonzerten der Amseln ein leises Herbstgepiepe geworden ist, dann ist die beste Zeit gekommen für diesen unglaublich romantischen Spaziergang. Der Alte Kanal, wie der Ludwig-Donau-Main-Kanal von Nürnbergern gern genannt wird, lädt nämlich besonders im Herbst zu einem bezaubernden und entspannten Müßiggang ein.

Um die Donau bei Kelheim mit dem Main bei Bamberg zu verbinden, hatte König Ludwig I. in den Jahren 1836 bis 1846 eine 172 Kilometer lange Wasserstraße erbauen lassen, die im Jahr 2018 mit dem Titel »Historisches Wahrzeichen der Ingenieurbaukunst« ausgezeichnet wurde. Beteiligt an diesem anspruchsvollen Projekt waren der königliche Baurat Heinrich Freiherr von Pechmann, der Stararchitekt Leo von Klenze und zeitweise um die 9.000 Arbeiter.

Eine der reizvollsten Stellen dieses alten, heute nur noch teilweise erhaltenen Kanals ist der eineinhalb Kilometer lange Bereich in Nürnberg-Gartenstadt zwischen Finkenbrunn und Königshof. Denn hier herrscht ein besonders zauberhafter Einklang von Natur und Technik.

Das sanft dahinfließende Gewässer lädt ein, es auf den Treidelpfaden zu begleiten. Einst angelegt, damit die Pferde die Lastkähne ziehen konnten, sind die kleinen Wege heute gerade breit genug, um Arm in Arm entlangzuschlendern. Gemeinsam kann man die steinerne Brücke und die Kanalschleuse bewundern oder mit den Füßen die bunt gefärbten Laubblätter zum Rascheln bringen. Während der sonnige, wolkenlose Himmel ganz laut Kaiserwetter im Herbst verkündet.

BEI DJ-MUSIK CHILLEN

Z-BAU BIERGARTEN

Frankenstraße 200, 90461 Nürnberg, Zugang barrierefrei
www.z-bau.com
ÖPNV: Haltestelle Frankenstraße, Tristanstraße oder Tiroler Straße

Oder Bingo spielen. Im Z-Bau Biergarten ist beides möglich. Als Kaserne von den Nationalsozialisten erbaut, ist der im Grundriss z-förmige Bau heute ein Ort der Toleranz und Weltoffenheit, an dem Diskriminierung unerwünscht ist. Was für eine schöne Verwandlung!

Zu Hause ist hier die Kultur der Gegenwart. Eine 5.500 Quadratmeter große Fläche steht Schaffenden aus den unterschiedlichsten zeitgenössischen Musik-, Kunst- und Kulturströmungen zur Verfügung, um sich gestalterisch auszudrücken.

Ein sommerlicher Geheimtipp ist der lässige Biergarten hinter dem Haus. Aufgeklappte Liegestühle, in denen man gekühltes Bier oder Limo und leckere Snacks verspeisen kann, verbreiten eine entspannte Atmosphäre. Vögel zwitschern in den Bäumen und freuen sich über ihr »Wir sind der Club«-Vogelhaus, während Mädels auf der Picknickdecke mit Mate-Tee chillen, Paare auf der Bierbank verliebt turteln oder Jungs beim Tischkickern Freude haben. Wie sympathisch: Auch die eigene Brotzeit darf mitgebracht werden, ob Hummus oder Nudelsalat.

Das Allerschönste jedoch ist, dass das süße Nichtstun von einem tollen, bunt gemischten Programm begleitet wird. Wenn Sheng Peng Soundsystem auflegt, gibt es DJing mit »good vibes«. Ein anderes Mal kann man einem schönen Livekonzert auf der Bühne lauschen oder abrocken bei hartem Metal Rock aus der Dose. Dann wieder liest ein Twitter-Star Literatur der Gegenwart oder man spielt mit Birdi das lustige Bohemian Brezel Biergarten Bingo. Was für ein perfekter Ort, um zu zweit den Sommer zu genießen.

DJANGO SOUND
education for a change!
JAMAFRO

EINE ZEITREISE IN DAS JAHR 1954 UNTERNEHMEN

DESIGN HOTEL VOSTEEN

Lindenaststraße 12, 90409 Nürnberg
www.hotel-vosteen.de
ÖPNV: Haltestelle Rathenauplatz

»Ring!« Was da so nostalgisch klingelt, ist nicht das hippe Smartphone, sondern ein Telefonapparat mit Wählscheibe. Huch! Man nimmt den Hörer neugierig von der Gabel. Das gibt es noch. Wunderbare Orte, wie übrig geblieben aus längst vergangenen Tagen. So eine Perle ist das Design Hotel Vosteen.

Als Christina Summerer das Hotel im Jahr 2005 kaufte, sah es fast noch so aus wie bei seiner Eröffnung im Jahr 1954. Die Tütenlampen und Blumentische sind bis heute geblieben. Denn das Haus ist immer noch im Stil der 1950er Jahre eingerichtet. Nur der Komfort wurde auf das 21. Jahrhundert upgedatet. Wie wäre es denn, für eine Nacht im Jahr 1954 einzuchecken? Bezaubernd, nicht wahr?

»Klingeling!« Stilecht kann man mit der Tischklingel im Entree sein Ankommen kundtun. Und eine original 1950er Jahre-Treppe führt in obere Gefilde und ins Schlafgemach. Man fühlt sich hier genau so, wie die Zeitzeugin und Buchautorin Emmi Beck im letzten Jahrhundert über ihren Aufenthalt schrieb: »… mitten in der Handlung eines gelesenen Romans.«

Am Morgen duftet wie einst bei Frau Beck das Aroma des aufgebrühten Kaffees ins Zimmer und lädt ein, durch die Portiere in den Salon zu treten und bei einem langen, fröhlichen Frühstück diese wunderbare Zeitreise zu genießen, während sich drei bezaubernde Grazien aus Porzellan innig auf dem Klavier umarmen.

LÜMMELN UND SCHÄFCHENWOLKEN ZÄHLEN

POCKET PARK

Nonnengasse (im unteren Teil), 90402 Nürnberg, Zugang barrierefrei
www.nuernberg.de
ÖPNV: Haltestelle Lorenzkirche

Ein ausgiebiger Stadtbummel kann nicht nur die härtesten Kerle in akute Erschöpfungszustände bringen. Hier dürfen ein Paar Schuhe an den kaufwilligen Frauenfüßen mit begeistertem »Ah« begrüßt, dort ein schickes Sommerkleid gründlich bewundert werden. Spätestens wenn der Shoppingpartner in der Kaufhaussitzecke zusammenschrumpft, ist es so weit: Es ist Zeit für einen Kurztrip in die Nonnengasse!

An diesem paradiesischen Ort kann man sich wie im Urlaub für einen wunderbaren Moment dem süßen Nichtstun hingeben. Ach, ist das herrlich! Mitten in der Altstadt und fern dem Gewimmel, dort, wo einst im 16. Jahrhundert die Stadtknechte hausten, gibt es heute eine kleine Oase des Friedens. Da diese Fläche locker in der Westentasche verschwinden könnte, wird sie auch so genannt: Pocket Park.

Es grünt so grün und summt und brummt in dieser gärtnerisch gestalteten Minianlage, einem Projekt des Masterplan Freiraum der Stadt Nürnberg. Das Allerbeste ist: Umgeben von den Beeten sind kreuz und quer die unterschiedlichsten Sitz- und Liegemöbel aus Holz und Beton aufgestellt. Es gibt Möbel zum Anlehnen für das konzentrierte Gespräch. Für das coole Chillen und lässige Hinfläzen stehen die sogenannten Lümmelmöbel bereit. Der Hit aber sind die eleganten Liegen für den gemeinsamen Tagtraum und das Schäfchenwolkenzählen am strahlend blauen Himmel.

Ein herrlicher Ort für eine gemeinsame kurze Auszeit vom temporeichen Alltag!

AM MÄRCHENSCHLOSS DEN TRAUMPRINZEN KÜSSEN

HUMMELSTEINER PARK

Hummelstein 46, 90461 Nürnberg, Zugang barrierefrei
www.nuernberg.de
ÖPNV: Haltestelle Frankenstraße

Ein altes Barockportal weist den Weg vorbei an schönen Villen und hin zu einem Ort, an dem Dornröschen oder Schneewittchen gern wachgeküsst worden wären.

Ehemals am Rande des Lorenzer Reichswaldes gelegen, schlummert heute das märchenhafte Hummelsteiner Schlösschen mit seinem öffentlich zugänglichen Park mitten in der Stadt sanft dahin und wartet auf Besuch. Im Jahr 1487 hatte Niklas Hummel in der heutigen Südstadt ein Weiherhaus erbauen lassen. Verschwunden ist das Haus längst, der Name des ersten Besitzers ist jedoch geblieben. Heute thront hier nach vielen Umbauten und Neubauten ein wunderschöner Herrensitz aus dem Jahr 1706. Der öffentlich zugängliche Garten lädt zum gemeinsamen Dahinschlendern ein. Und dank dem BUND Naturschutz verraten interessante Beschriftungen so manches altertümliche Geheimnis. Denn wer weiß schon, dass Osterluzei bei den Römern und Griechen ein Heilmittel gegen Schlangenbisse war?

Doch plötzlich fühlt man sich, als wäre man im schönsten Märchen gelandet. Denn die Kulisse des Schlosses verzaubert. Schau! Drüben am alten Gemäuer blüht Dornröschens Rosenhecke. Und da ist der Turm, aus dem Rapunzel ihr Haar herunterlässt. Und dort ist sogar der Teich des Froschkönigs! Als dann auch noch sieben kleine Zwerge aus dem nahegelegenen Kindergarten über den Weg hüpfen, fehlt nur noch eins zum perfekten Glück: ein Küsschen mit dem Traumprinzen am Froschweiher.

SICH VON MÄRCHENERZÄHLERN VERZAUBERN LASSEN

»Es war einmal …« Bei märchenhaften Erzählungen die Seele baumeln lassen, das gefällt Groß und Klein. Ob Märchen aus aller Welt, Sagen aus Franken oder Nürnberger Geschichten, am historischen Ort im Spittlertorzwinger neben dem Stadttorturm kann man an jedem letzten Donnerstag im Monat den spannenden Abenteuern lauschen. Denn: »Wenn sie nicht gestorben sind …«

➳ www.kubiss.de/maerchen-im-turm

KENNST DU DAS LAND? WO DIE ZITRONEN BLÜHN,
IM DUNKELN LAUB DIE GOLD-ORANGEN GLÜHN,
EIN SANFTER WIND VOM BLAUEN HIMMEL WEHT,
DIE MYRTE STILL UND HOCH DER LORBEER STEHT,
KENNST DU ES WOHL?

DAHIN! DAHIN

MÖCHT' ICH MIT DIR, O MEIN GELIEBTER, ZIEHN.
KENNST DU DAS HAUS? AUF SÄULEN RUHT SEIN DACH,
ES GLÄNZT DER SAAL, ES SCHIMMERT DAS GEMACH,
UND MARMORBILDER STEHN UND SEHN MICH AN:
WAS HAT MAN DIR, DU ARMES KIND, GETAN?
KENNST DU ES WOHL?

DAHIN! DAHIN

MÖCHT' ICH MIT DIR, O MEIN BESCHÜTZER, ZIEHN.
KENNST DU DEN BERG, UND SEINEN WOLKENSTEG?
DAS MAULTIER SUCHT IM NEBEL SEINEN WEG;
IN HÖHLEN WOHNT DER DRACHEN ALTE BRUT;
ES STÜRZT DER FELS UND ÜBER IHN DIE
FLUT. KENNST DU IHN WOHL?

DAHIN! DAHIN

GEHT UNSER WEG! O VATER, LASS UNS ZIEHN!
(GOETHE)

RUHE FINDEN MITTEN IN DER STADT

INNENHOF DES CARITAS-PIRCKHEIMER-HAUSES

Königstraße 64, 90402 Nürnberg, Zugang barrierefrei
www.cph-nuernberg.de
ÖPNV: Haltestelle Hauptbahnhof

Die Königstraße ist ein Ort des Trubels und der Geschäftigkeit. Eine beliebte Fußgängerzone der tütenbepackten Stadtbummler und kofferrollenden Touristen. Wer mitten im Leben sein möchte, ist da genau richtig. Und wer die kontemplative Ruhe sucht? Auch! Man muss nur genau wissen, wo. Deswegen kommt hier nun der besondere Tipp, um mit dem Lieblingsmenschen mitten im Getümmel der Stadt zur eigenen Mitte zu finden.

Der prachtvolle Stand der Gemüsehändlerin und die Skulptur des von seiner Botschaft geknickten Hiob bei der Klarakirche weisen einem den Weg. Man tritt durch ein unauffälliges Bronzetor und ist schon angekommen in der Stille.

Die lärmende Betriebsamkeit ist in dem Innenhof des CPH nicht mehr zu hören. Es ist ruhig, Vögel zwitschern und flattern zwischen Heckensträuchern und duftigen Rosenbüschen umher. Eine einfache, lang gezogene Bank lädt zum Sitzen und Innehalten ein. Schulter an Schulter lässt man sich nieder und atmet tief, tief durch. Und entspannt. Und genießt den Blick auf die alte, historische Giebelfassade des ehemaligen Klarissenklosters. Ein alter Grabstein ragt schief zwischen den blühenden Pflanzen hervor. Er erinnert an die Äbtissin des ehemaligen Frauenklosters, an Caritas Pirckheimer, die in Zeiten der Reformation darauf bestanden hatte, hier bleiben zu dürfen.

Man versteht, warum. Denn dies ist wahrhaftig ein besonderer Ort der Ruhe und Meditation.

EINE PAUSE EINLEGEN BEIM RHINOZEROS

DAS SCHLAFENDE NASHORN

Egidienplatz, 90403 Nürnberg, Zugang barrierefrei
ÖPNV: Haltestelle Egidienplatz, Lorenzkirche oder Rathenauplatz

»We love Albrecht Dürer« ist ein häufiger Ausspruch der Nürnberger mit Herz. Deswegen ist sein Holzschnitt des »Rhinocerus« aus dem Jahr 1515 auch stadtbekannt. Mit ihm gelang es dem Künstler, ein Nashorn originalgetreu darzustellen, obwohl er nie eines zu Gesicht bekommen hatte. Lediglich eine zeitgenössische Beschreibung diente ihm als Vorlage.

Die polnische Künstlerin Dorota Hadrian hat nun ihre Version eines Nashorns in Kunstharz gegossen und in den Schlummerschlaf versetzt. Die Augen träumend geschlossen, ruht dieses Plastiktier in Originalgröße ganz entspannt am unteren Ende des Egidienplatzes. Eile und Hetzerei scheinen ihm fremd zu sein, hat es sich doch fast wie zufällig, weil ganz ohne Sockel oder Podest, mitten auf dem schönen Kopfsteinpflaster niedergelassen. Ein ungewöhnlicher Anblick, der zum Innehalten auffordert.

Eine lange Steinbank hinter dem Kunstharzobjekt lädt ein, sich niederzusetzen und für einen Moment die Seele und die Füße baumeln zu lassen, während die Stadt weiterhin umtriebig an einem vorüberzieht. Denn kaum einer der Passanten erahnt die historische und kulturelle Vielfalt dieses schönen Hügels. Kaum jemand beachtet die von Nachbarn liebevoll mit roten Rosensträuchern bepflanzten Baumscheiben.

Ob man nun genussvoll Platz nimmt für ein schönes Gespräch, für ein Schäferstündchen mit Händehalten oder für ein kunstreiches Schweigen, mit den eindrucksvollen Monumenten im Rücken und diesem schläfrigen Schoßhund zu Füßen wird dies zu zweit ein Moment voller Harmonie.

IN DIE FASZINIERENDE WELT DES COMICS EINTAUCHEN

COMIC CAFÉ

Frankenstraße 200, 90461 Nürnberg, Zugang barrierefrei
www.facebook.com/zbaucomiccafe
ÖPNV: Haltestelle Frankenstraße, Tristanstraße oder Tiroler Straße

»Danke für den Rückzugsort«, schreibt Ulf begeistert in das Gästebuch. Man mag ihn auch fast gar nicht verraten: diesen sehr besonderen Geheimtipp für alle bibliophilen Lieblingsmenschen.

Jeden ersten Sonntagnachmittag im Monat ist es so weit. Dann öffnet das originelle Comic Café ab 14 Uhr für nur vier Stunden als Pop-up-Örtchen seine Türen. Fleißige Wichtel waren schon seit den Morgenstunden am Werk. Sie haben den Boden im Z-Bau gekehrt, alte Perserteppiche ausgelegt und wunderbar gemütliche Leseinseln für jeden Geschmack aufgebaut. Jetzt gibt es da exaltierte Kombinationen aus 1950er Jahre-Sesseln und Beistelltischen im Bauhausstil oder gemütliche Lümmel-Sofa-Fläz-Bereiche mit Kissen im Hippie-Dekor. Sathya und ihre Freundin sind begeistert. Das Allerwichtigste aber ist, dass überall nun Bücherregale aufgestellt sind, gefüllt mit über 500 herrlichen Comics.

Das Comic Café ist etwas ganz Besonderes. Es ist eine sehr sympathische Mischung aus Bibliothek, Lesestube und Kaffeehaus und lädt zum Eintauchen in die faszinierende Welt der Comics ein. Gemeint sind hier nicht nur Mickey Mouse und Co., sondern die Kunstform, in der sich Literatur und bildende Kunst vereinen. Comic, das ist wie ein auf Papier gebannter Film, eine grafisch dargestellte Geschichte in einer Abfolge von Bildern und mit Texten versehen. Als Graphic Novel, als illustrierten Roman, definierte ihn deshalb auch William Erwin Eisner, der 1917 in Brooklyn geborene berühmte Zeichner.

English
Kinder
MANGA

Ein Erwachsenencomic kann mal nervenaufreibend spannend, mal richtig lustig oder unheimlich gruselig sein. Dabei sind bei dieser Kunstform Wildwuchs, Underground und Anarchie herzlich willkommen.

Was für eine besondere Unternehmung zu zweit. Man entspannt sich beim gemeinsamen Schmökern und genießt dabei kulinarische Freuden. Denn die selbst gebackenen, auf Spendenbasis feilgebotenen Kuchen, wie der vegane Blaubeerkuchen, sind sehr köstlich. Auch ein Zitronen-Unfall-Kuchen als spezielles Highlight hat seine Daseinsberechtigung, denn er ist zum Niederknien lecker, wenn auch fern aller optischen Normen. Ein Gefühl wie fast daheim!

Übrigens werden neben der regulären Comicbibliothek, die die Herzen aller Leseratten höherschlagen lässt, immer wieder kostenlose Workspaces für Zeichnerinnen und Zeichner angeboten. Ein großer Arbeitstisch und viele Stühle stehen dann bereit zum gemeinsamen Zinezeichnen, zum Erstellen kleiner Magazine. Nur die Utensilien müssen mitgebracht werden. Damit möchte das Comic Café den Kreativen in Nürnberg einen Ort bieten, an dem man arbeiten, sich austauschen und sich mit anderen Künstlern oder solchen, die es werden wollen, vernetzen kann.

Und wenn sogar Max Hillerzeder, Illustrator und Comic Artist mit Graphic-Design Diplom aus Leipzig, via Instagram verkündet: »Das Comic Café erscheint mir immer wie so eine ideale Traumvorstellung meines perfekten Ortes. Kann sein, dass ihr gar nicht wirklich existiert«, dann ist das für Bücherwürmer ein sehr schöner Ansporn, um dieses Pop-up-Idyll nun fest im Kalender zu notieren.

Jeden ersten Sonntagnachmittag im Monat: Comics lesen, Kaffee trinken und Zitronenkuchen essen. Und das zu zweit!
Sathya meint dazu: »Grandios!«

MIT DEM LIEBLINGSMENSCHEN

Zusammen kreativ werden

DEN WEITEN OZEAN IN NUR EINEM SCHLUCK TRINKEN

ZEN NÜRNBERG

Adam-Kraft-Straße 1 (Eingang Lange Zeile), 90419 Nürnberg
www.zen-nuernberg.com
ÖPNV: Haltestelle Friedrich-Ebert-Platz

Ein Gewand und eine Schale, das ist alles, was ein Zen-Mönch besitzen sollte. Kaum einer lebte diese asketische Forderung so konsequent wie der japanische Zen-Meister und buddhistische Mönch Ryokan um 1800. Der Eremit war berühmt für seine Dichtungen und für seine Kunst des schönen Schreibens, die Kalligrafie. Zeitgenössische Quellen erzählen von ihm als einem äußerst naturliebenden und heiligen Mönch und einem Taigu, einem großen Narren.

Neugierig geworden? Dann kann man natürlich in seinen Gedichten die Schönheiten des meditativen Lebens entdecken. Aber wäre es nicht noch bezaubernder, selbst auszuprobieren, was es bedeutet, die Dinge mit dem Herzgeist zu betrachten?

Im ZEN Zentrum für Meditation und Achtsamkeit kann man unter professioneller Anleitung den Zustand meditativer Versenkung lernen. Seit 2017 befindet sich das Zendo, die »Meditationshalle«, in den Räumen einer ehemaligen Wirtschaft. Das ist außergewöhnlich schön. Denn dort, wo früher die Theke stand und Bier ausgeschenkt wurde, sitzt heute der Lehrer und schenkt einem Worte zum Nachdenken wie: »Trinke den weiten Ozean in nur einem Schluck«, »Lausche dem Geräusch, mit einer Hand zu klatschen« oder er rezitiert mittelalterliche Texte. Die hübschen, renovierten Jugendstilräume laden mit ihrer Klarheit und Schönheit in die Stille ein. Fast so reizvoll wie unter Buddhas Feigenbaum sitzt man hier auf Eichenboden und kann auf den Meditationskissen aus Leinen Zazen üben, das meditative, stille Sitzen.

佛
MIND IS THE
THE Buddha

DIE SCHULE DER BLUMEN BESUCHEN

HERR KAI – VIRTUOSE DE LA FLEUR

Bleichstraße 19 (Rückgebäude), 90429 Nürnberg
www.herr-kai.de
ÖPNV: Haltestelle Plärrer

»Die Menschn wissen gar ned, welche Schätze sie in sich tragn.« Da steht er nun, der Herr Kai und sagt solch wunderbaren Worte, die einen zum Dahinschmelzen bringen.

Exaltiert und bescheiden zugleich, das ist Herr Kai Harold Fischer, der sich auch Virtuose de la Fleur nennt und einen bezaubernden Blumenladen besitzt. Für diesen einen Abend jedoch ist er der meisterliche Mittler zwischen der Botschaft der Pflanzen und unseren Herzen. Denn im einzigartigen Kurs »Die Schule der Blumen« darf nun beim Binden gelernt werden, dass die Schönheit von Blatt und Blümelein mehr ist als dekoratives Element, sondern tiefgründige Energien und herzberührende Wirkungen hat. Angefangen hatte der Kurs mit dem Verspeisen von »lecka Kochtm«. Neben herausragenden Köchen der Nürnberger Szene ist auch schon mal die Mama vom Herrn Kai mit ihren »selbstgmachtn Klös« mit von der Partie.

Nun wird gebastelt. »Oberflächliche Seiten sind passé. Liebe muss gespürt werden«, erklärt er und fordert alle Anwesenden auf, zu beschreiben, was ihnen an den Gestecken der anderen gefällt. Und obwohl das Grüppchen nicht unterschiedlicher sein könnte – die jüngste Teilnehmerin ist gerade mal 16 Jahre alt, die älteste nicht weniger bezaubernd und ganze 70 Jahre älter – die Blumen verbinden alle anwesenden Herzen. Es wird viel gelacht und sogar mal geweint, denn tatsächlich werden die persönlichen Emotionen durch die Blume erkannt.

Kein Wunder, dass Herrn Kais Kunden auf Instagram posten: »Du bist der Allergudste …«

EINEN NEUEN LIEBLINGSMENSCHEN FINDEN

START WITH A FRIEND E.V. (SWAF)

Treffpunkt und Termine:
www.start-with-a-friend.de

Nürnberg ist die zweitgrößte Stadt in Bayern und doch ist der Lieblingsmensch noch nicht gefunden? Denn im Alltag mit den festen Strukturen und den immer gleichen sozialen Kontakten ist man ihm einfach noch nicht begegnet?

Wie wäre es, die ausgetretenen Pfade zu verlassen und offen für neue Begegnungen zu sein? Sozusagen: Start with a new Friend! Was im Urlaub in fernen Ländern gelingt, kann zu Hause ebenfalls funktionieren. Denn aus Fremden können durchaus Freunde werden. Dazu braucht es natürlich ein bisschen Mut. Und das Wissen, dass auch andere Menschen Freunde suchen.

Der gemeinnützige Verein Start with a Friend, kurz SwaF, bietet die Möglichkeit für Begegnungen und gemeinsame Unternehmungen von Menschen unterschiedlichster Kulturkreise. Einheimische und Zugewanderte können sich bei Events kennenlernen, sich in Tandemprojekten unterstützen und vor allem Freunde werden. Die Stadt Nürnberg honorierte im August 2020 diesen besonderen ehrenamtlichen Einsatz mit der Vergabe des Preises »Youngagement«.

Melanie und Ramez müssen immer noch schmunzeln, wenn sie an ihr erstes Treffen denken. Denn sie konnten lediglich mit einer Sprach-Übersetzungs-App miteinander kommunizieren. Ein abenteuerliches Unterfangen! Heute haben sie nur noch die Hürden beim gemeinsamen Hobby, dem Klettern, zu meistern. Wie schön!

Aktionen wie Stammtisch mit Konzert, Yoga oder Spieleabend bieten Möglichkeiten zum Kennenlernen. Vielleicht ist dies ja der Beginn einer langen Freundschaft? Wer weiß? Auf jeden Fall sind herzerwärmende Begegnungen gewiss.

GEFÜHLVOLL SCHREIBEN LERNEN

KONFUZIUS-INSTITUT

Virchowstraße 23, 90409 Nürnberg
www.konfuzius-institut.de
ÖPNV: Haltestelle Schoppershof

Ein Punkt, ein Komma oder ein Strich kann mit Achtsamkeit gesetzt, ein Kunstwerk der Gefühle sein! Wirklich? Ein »Ich liebe dich« ist doch schnell per WhatsApp verschickt. Den Stift in die Hand nimmt man heute nicht einmal mehr, um den Einkaufszettel zu schreiben. Das funktioniert mit einer App doch viel besser. Wozu also Worte in schönster Schönschrift schreiben? Vielleicht auch noch in der anspruchsvollen chinesischen Kalligrafie und mit den vier Schätzen des Gelehrtenzimmers? Weil es ein unbeschreiblich gefühlvolles Erlebnis ist. Lernen, mit tiefer Empfindung und den vier Schätzen zu schreiben, kann man im »Kulturworkshop Kalligrafie« des Konfuzius-Instituts Nürnberg-Erlangen.

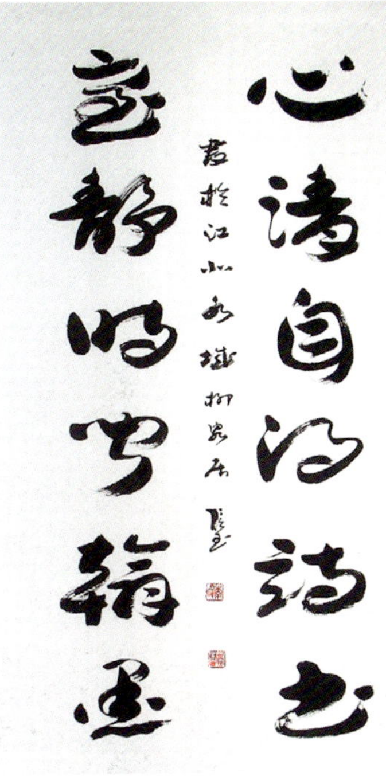

Der erste Schatz ist der tugendhafte Pinsel. Ob aus Ziegen- oder Wolfshaar, die Wahl ist nicht abhängig vom Stil der Kalligrafie, sondern von der Stimmung des Schreibenden. Pinsel und persönliche Gefühle: Das bekommt schon mal ein Like! Dann braucht es dazu die Königin der Papiere, das hochangesehene Xuan-Papier, das wegen seiner Saugfähigkeit jeden kleinsten Pinselduktus, jede Gefühlsregung festhalten kann. Toll! Schließlich noch die parfümierte Tuschestange und den Reibstein, in dem man die harte Tinte zusammen mit Wasser zur schreibfähigen Konsistenz rührt. Wie schön: meditatives Rühren mit Duft!

Nun ist es so weit: Der Pinsel wird gefühlvoll mit Daumen, Ring- und Zeigefinger in einer senkrechten Position auf das Papier gehalten und ein Zeichen voller Liebe gesetzt. In einer Schrift, die eine jahrtausendealte Kunst ist. Was für ein poetischer Moment!

Das bedeuten die Schriftzeichen im Bild: Ein ruhiger Geist versteht die Tiefe der Poesie, ein elegantes Zimmer verströmt den Duft von Kalligraphie.

MIT WOLL-LUST KUNSTVOLL FILZEN

SYLVIE LUDWIG TEXTILKUNST

Comeniusstraße 5, 90459 Nürnberg
www.sylvieludwig.de
ÖPNV: Haltestelle Hauptbahnhof

Wie es sich für ein sinnliches Erlebnis gehört, ist der ganze Körper im Einsatz. Gerade sind die nackten Füße dabei, über den weichen Korpus zu rollen. Ah! Ein bisschen warmes Wasser und duftende Seife als wohlige Zutat hinzugefügt, und das Streicheln mit den Fußsohlen, das Massieren mit der großen Zehe wird fast zum erotischen Genuss.

Doch Halt! Stopp! Bevor ihr euch, liebe Leser, zu sehr gedanklich verlauft: Wir sind nicht allein. Zusammen mit der Künstlerin Sylvie Ludwig haben wir uns in dem kleinen, abgeschirmten Innenhof ihres Ateliers auf den Boden gesetzt und die Schuhe ausgezogen. Raus aus dem Alltagstrott und hinein in eine gemeinsame kreative Unternehmung, das war das Ziel. Du und ich und gemeinsam verbrachte, schöne Stunden: der gehegte Wunsch.

Dass es nun so woll-lustig zugehen würde, das hätte keiner ahnen können. Hier im zweiten Schritt unseres Abenteuers sitzen wir nun und rollen mit den Zehen. Schließlich muss das Ausgangsmaterial, die Rohwolle, weiter verarbeitet werden. Quasi mit den Füßen vollenden wir unser gemäldeartiges Kunstwerk.

Sylvie Ludwig lehrt uns in diesem kleinen exklusiven Kurs das kunstvolle Erschaffen von Filz. Was für ein kreativer Prozess: erst hatten wir die kunterbunt gefärbten Wollstückchen nach unserem Farbempfinden pinselstrichgleich und fast meditativ nebeneinander gelegt. Nun veranstalten wir voller Woll-Lust die eben erwähnte Seifenoper mit der großen Zehe: wir verdichten die Schafswolle. Denn durch das Hin- und Hergeschiebe verhaken sich die Schuppen der Wollhaare, die einzelnen Fasern durchdringen sich.

Malen mit den Händen und Rollen und Walken mit nackten Füßen. Was für ein erdendes Erlebnis! Den Heidschnucken und rauhwolligen Landschafen sei Dank.

GEMEINSAM ECHTE NÜRNBERGER LEBKUCHEN BACKEN

COOKIONISTA

Bucher Straße 9b (Hinterhof), 90419 Nürnberg
www.cookionista.com
ÖPNV: Haltestelle Friedrich-Ebert-Platz

»Ein halbes Seidlein Honig, ein Loth Zimet, ein Diethäuflein Mehl ...«, die älteste Rezeptur des berühmten Nürnberger Lebkuchens stammt aus dem 16. Jahrhundert und wird heute sicher im Germanischen Nationalmuseum verwahrt. Diese niedergeschriebene Backanweisung ist eine kleine Sensation, denn bis heute mischen die Lebküchner der Stadt nach geheimen Rezepten.

In die köstliche Welt dieser berühmten Spezialität eintauchen kann man im Backkurs »Lebkuchen backen – selbst gemacht und würzig-süß« von Cookionista. Backwillige haben sich deshalb im Koch.Kunst.Raum getroffen. Fleißig wird schon gewerkelt und interessiert gelauscht. Denn beim Rühren nach hauseigenem Rezept erfährt man viel Wissenswertes rund um das Gebäck.

Gewürze wie Nelken, Pfeffer oder Zimt waren im Mittelalter äußerst kostbar und wegen ihrer ätherischen Öle als heilsame Medikamente geschätzt. Getrocknete Nelkenknospen sollten vor der Pest schützen. Und Pfeffer galt als wichtiges Aphrodisiakum, denn nach reichlichem Genuss erwärmte sich der Bauch, man entbrannte sozusagen in Liebe. Alte Quellen warnten deshalb vor allzu leichtsinnigem Verzehr.

Die kleine Gruppe lacht. Denn unser Herz verschenken, das wollen wir doch alle, ob alt oder jung. So wie einst Burggräfin Elise, die eine Schwäche für den Lebkuchen mit wenig Mehl entwickelt haben soll und ihm ihren Namen gab.

Als die herrlich duftenden Backbleche schließlich aus dem Ofen gezogen werden, kann keiner widerstehen. Denn ein mit Liebe zubereiteter Lebkuchen schmeckt einfach zu köstlich.

MIT DEM HERZBUBEN ODER DER HERZDAME ZAUBERN

ZAUBERSCHULE NÜRNBERG

Hochstraße 32 (Souterrain), 90429 Nürnberg, Zugang barrierefrei
www.zauberschule-nuernberg.de
ÖPNV: Haltestelle Deutschherrnstraße oder Obere Turnstraße

Wie funktioniert Ablenkung? Wie das Prinzip der Täuschung? Wer für ein Wochenende die spannenden Grundlagen der Zauberkunst erlernen möchte, ist in der Zauberschule Nürnberg an der richtigen Adresse.

Um als Lehrling antreten zu können, ist ein Zauberstab nicht notwendig. Auch werden hier keine Zaubertränke gebraut oder Alraunen umgetopft. Vielmehr sind Freude am Spiel und am Tricksen und natürlich der liebste Mensch an der Seite die perfekten Zutaten für diese zauberhafte Unternehmung. Ob als Duo mit Hermine oder mit Harry oder auch als Enkelbub-Oma-Mannschaft.

Was sind die typischen Requisiten? Und welche außergewöhnlichen Tricktechniken gibt es? Vieles gibt es zu erfahren.

Nach einem spannenden Geschichtsunterricht über Zauberei und Magie geht es an die Praxis. Es wird getrickst und getäuscht. Gelernt wird mit professionellen Zauberkünstlern, die selbst auf den Bühnen stehen. Robert Esser mit kurzem Dumbledore-Bart ist der Experte in der »Zauberei mit Alltagsgegenständen«. Er setzt schon mal ein Portemonnaie gekonnt in Flammen. Und Alexander Lehmann gibt der alten Kunst einen modernen Twist. »An manchen neuen Kunststücken übe ich zehn Jahre lang, bis ich mich traue, sie vorzuführen«, gesteht der sympathische Magier und zeigt mit links, wie man virtuos auf der Klaviatur eines 52-blättrigen Kartenspiels spielt. Hokuspokus mit dem Herzbuben sozusagen. Und mit einem Fingerschnippen voller Magie.

SICH MIT HOLARAIDULJÖ GLÜCKLICH JODELN

SUSIE SÜDSTADT

Kulturwerkstatt auf AEG, Fürther Straße 244d, 90429 Nürnberg
Zugang barrierefrei
www.jodeln-in-franken.de
ÖPNV: Haltestelle Eberhardshof

Es braucht nicht immer Worte, um sich verbunden zu fühlen. Als Städter entdecken wir eine ganz neue Art der Verständigung: Wir joiken, juchzen und jubilieren. Mit gemeinsamem Jodeln beamen wir unsere Freundschaft in neue Höhen. Und können uns zusammen an Klängen erfreuen, die wir sonst nur in der Badewanne oder im Auto wagen.

Nicht nur bei Alpenbewohnern ist dieses textfreie Singen verbreitet, auch in Skandinavien, Osteuropa, Afrika und Amerika hört man solch archaische Urklänge. Jodeln ist eine komplexe Gesangsform, bei der der Registerwechsel zwischen Brust- und Kopfstimme hörbar gemacht wird.

Eine wahre Kennerin dieser Technik, die dem Rufen näher ist als dem Singen, ist Susie Südstadt, denn sie ist Sängerin, Schauspielerin, Künstlerin und Jodelvermittlerin. Und jodelt schon seit Kindertagen. Sie meint: »Jodeln öffnet die Herzen und macht glücklich!« Dabei legt sie Wert auf ein berührendes Klangerlebnis und nicht auf akrobatisches Kunstjodeln. Aus diesem Grund erkundete sie auf Reisen bei anderen Völkern deren nonverbale Kommunikation und ihre Urgesänge.

Susies »Jodelkurse oder Wanderungen für Anfänger« mit erjuchztem Jodel-Diplom sind wunderbare und herzöffnende Unternehmungen mit dem Lieblingsmenschen. Ohne Worte, mal sanft berührend, mal wild und ungestüm wird gejodelt. Man braucht keine Vorkenntnisse, nur Freude an den Übungen und Urlauten, die hinausgerufen werden wollen. Beim gemeinsamen Juchzen und Tönen entsteht eine Verbindung zueinander nur über die Stimme! Holaraiduljö!

ÜBERSCHÄUMEN VOR GLÜCK

BARISTA-KURS BEI MACHHÖRNDL KAFFEE

Obere Kieselbergstraße 13, 90429 Nürnberg
www.machhoerndl-kaffee.de
ÖPNV: Haltestelle Plärrer oder Gostenhof

Machhörndl ist nicht nur ein beliebtes Café, sondern auch eine tolle Kaffeerösterei und ab sofort unser Lehrmeister. Im Barista-Kurs werden wir vom unbekümmerten Kaffeebrüher zum Experten des wahren Espresso und des perfekten Milchschaums. Juhu! Im Szeneviertel Gostenhof, dort, wo einst das Hopfenviertel war und die Hopfengroßhändler ihre Büros, Lager und Darren hatten, werden wir unsere Bestimmung finden.

Erst einmal muss jedoch der Eingang gefunden werden, denn die uralte hölzerne Hoftür ist leicht zu übersehen. Knarzend schwingt sie auf und weist den Weg durch einen bepflanzten Hinterhof. Huch, das ist ja schon einmal voll romantisch! Noch besser wird es beim Betreten der coolen Rösterei in der ehemaligen Hopfendarre. Böden aus Beton und Holz, gestapelte Kaffeesäcke und unverputzte Backsteinwände verströmen lässigen Industriecharme. Hier wird leidenschaftlich an der Bohne gearbeitet, das spürt man sofort.

Denn während Christiane Machhörndl von ihrer Liebe zu Kaffee erzählt: »Ich habe mein Herz an die Kaffeebohne verloren!«, pfeift ihr Mann Armin, zweifacher deutscher Brewer Cup Meister, voller Elan im Takt zu der rotierenden Röstmaschine.

Und Thomas Schweiger, der deutsche Barista-Meister 2010 und 2012, erwartet uns schon freudig. Denn in einem zweieinhalb Stunden dauernden Kurs wird er uns zeigen, wie man mit einer Siebträgermaschine den perfekten Espresso extrahiert, er wird die wesentlichen Arbeitsschritte und das perfekte Milchaufwirbeln für Latte-Kunstwerke zeigen. Wir schäumen an der Maschine über vor Glück!

VON WEGEN »ALTES EISEN«

ALTENAKADEMIE NÜRNBERG E.V.

Gewerbemuseumsplatz 1, 90403 Nürnberg, Zugang barrierefrei
www.altenakademie-nuernberg.de
ÖPNV: Haltestelle Marientor oder Wöhrder Wiese

Für Intelligenz ist man nie zu alt. Für Künstliche schon gar nicht. »Cogito, ergo sum!« (Ich denke, also bin ich!) Dieser, von dem Philosophen René Descartes im Jahr 1641 postulierte Grundsatz ist bis heute anwendbar. Damit man auch als Oma und Opa gedanklich auf dem neuesten Stand ist, dafür gibt es die ehrenamtlich organisierte Altenakademie Nürnberg.

Wie wäre es mit einem Kurs zum Thema Medien? Denn keiner möchte gern das Internet mit dem Internat verwechseln oder Twister mit Twitter. Und auf gar keinen Fall bei der Aufforderung »Alle Fenster schließen!« gleich aufspringen, um alle geöffneten Fenster der Wohnung zu verriegeln. Auch wenn das für die Enkelkinder sehr amüsant sein kann.

Zuallererst jedoch muss ein Akademiepass erworben werden, der zur Teilnahme an Kursen und Vorträgen im Studienjahr berechtigt. Studienjahr! Das Wort beamt einen sofort in die längst vergangenen Zeiten der lässigen Studentenbuden und fröhlichen Mensatreffen. Das fühlt sich gut an. Vielleicht findet man noch im Schrank ganz hinten das längst vergessene Hippietäschchen oder den Fransengürtel aus den 1970er Jahren. Mit ihnen ist man gut ausgestattet, um zusammen mit anderen junggebliebenen Kommilitonen und Kommilitoninnen interessante Kurse über Digitaltechnik und Software zu besuchen oder Vorträgen über KI und das Internet der Dinge zu lauschen. Wie viel Freude das macht! Denn nach anfänglicher Scheu wird die Stimmung immer gelöster und konzentrierter und Bildung zum Gemeinschaftserlebnis. Auf in die Zukunft!

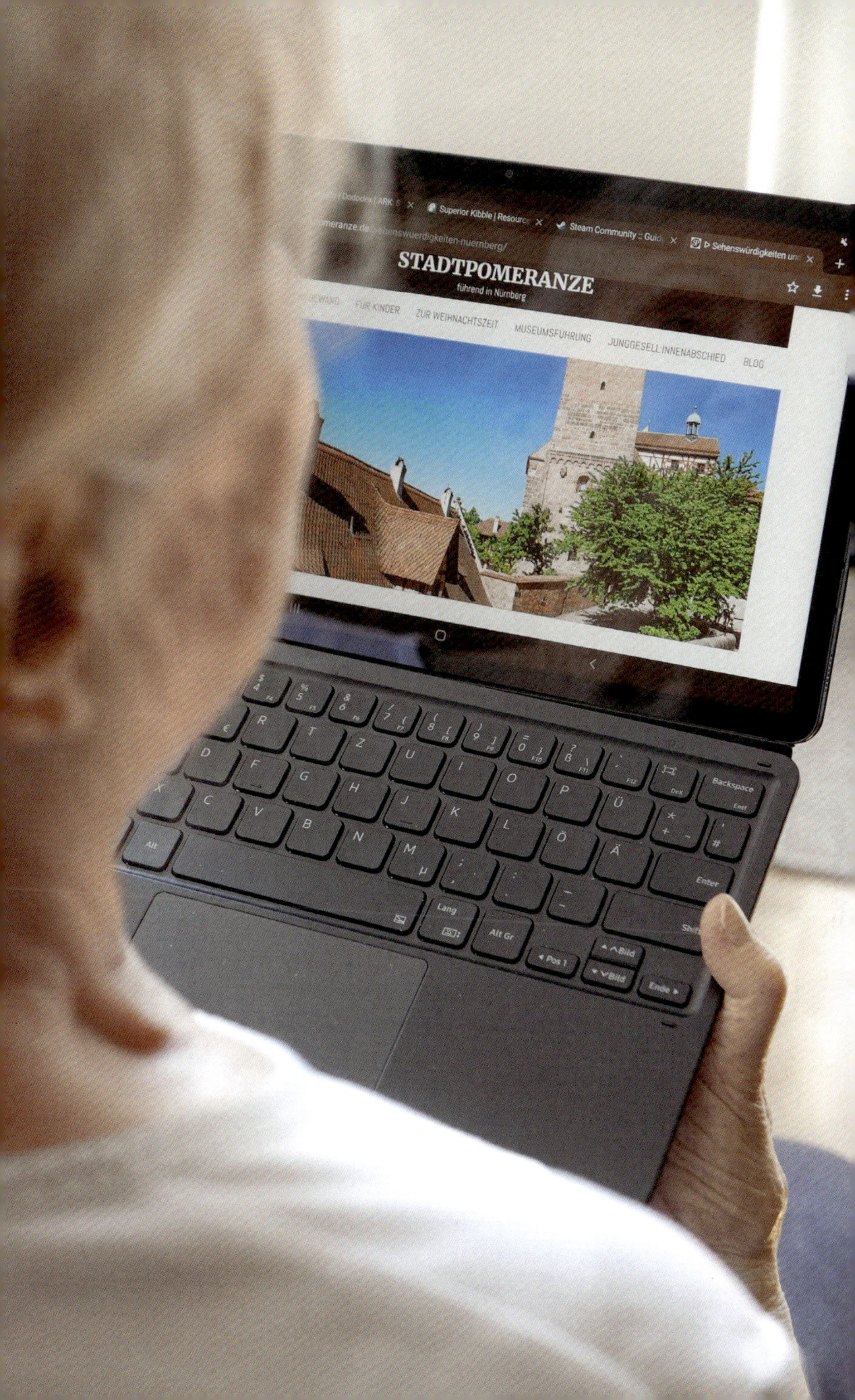
STADTPOMERANZE
führend in Nürnberg
FÜR KINDER
ZUR WEIHNACHTSZEIT
MUSEUMSFÜHRUNG
JUNGGESELL INNENABSCHIED
BLOG

INSTAGRAM

#LIEBLINGSMENSCHENUNTERWEGS

IHR ENTDECKT MIT DIESEM BUCH EURE STADT NEU?
DANN VERLINKT EUCH UND EUREN LIEBLINGSMENSCHEN
AUF INSTAGRAM:

#LIEBLINGSMENSCHENUNTERWEGS
#LIEBLINGSMENSCHENNÜRNBERG

EIN HIPPES MINITÄSCHCHEN SELBST HÄKELN

Jippie Hippie Flower Power. Wir werden zu Blumenkindern mit einer Mini-Bag. Das geht ganz einfach und macht viel Spaß. Ob für das Smartphone, für Lippenstift und Portemonnaie oder für den Laptop, die Größe entscheidet man selbst, denn die Tasche wird aus lauter kleinen, blütenartigen Granny-Squares, aus »Oma-Quadraten« gehäkelt.

Wie man ein Granny-Square häkelt, verrät die gebürtige Fürtherin Lisi Emmerich auf ihrem bezaubernden Blog:
➤➤ lisibloggt.com

Tolle Wolle und Rat bei Schwierigkeiten mit Luftmasche, Stäbchen und Co. findet man bei Anita Hammel am Weinmarkt. In ihrem wunderbaren Woll-Laden fühlt man sich einfach wohl: Das sehr nette und kompetente Team weiß Antworten auf alle Fragen und die Auswahl an Wolle ist phantastisch. Britta: »Ein Paradies für Wollsüchtige.«
➤➤ www.tollewolle.de

SICH MIT EINEM COCKTAIL-KURS IN DIE SÜDSEE ZAUBERN

GELBES HAUS

Johannisstraße 40, 90419 Nürnberg
www.gelbes-haus.de
ÖPNV: Haltestelle Klinikum Nord oder Hallerstraße

Aloha from Hawaii! Eine ganz besondere Expedition in die Südsee unternimmt man mit dem Cocktailkurs Tiki.

Tiki, das war ursprünglich die Bezeichnung für geschnitzte Götter- oder Ahnenfiguren Polynesiens. Ab den 1950er Jahren jedoch wurde das Wort zum Synonym für eine quietschbunte Popkultur. Denn Hawaii mit seinen Palmen und Hula-Mädchen wurde zum nachahmenswerten Postkartenidyll. Tiki-Kultur, das waren wild gemusterte Hawaiihemden, Cocktailbecher in Form von Götterstatuen oder sexy Hula-Hüftschwünge à la Elvis.

In der Bar Gelbes Haus kann man ohne Baströckchen, dafür aber mit dem Lieblingsmenschen, lernen, wie man die raffinierten Cocktails der Südsee mixt. In einem alten Klinkerbau aus dem Jahr 1895 im Stadtteil St. Johannis wird in dem sechsstündigen Tiki-Kurs gerüttelt und geschüttelt, was das Inselparadies hergibt.

Seit 1989 gibt es diese Szenebar in Nürnberg, die 2014 mit dem Fizzz Award ausgezeichnet wurde. Denn der Barchef Oliver Kirschner hat wahre Mixkünstler um sich versammelt. Mit Spirituosen, Shakern und ihrem großen Wissen stehen sie bereit, um einem die Grundlagen des Cocktailmixens zu zeigen und zu verraten, wie man mit Rum die köstlichsten Hurricanes kreiert und mit Aromen von Früchten leckere Zombies zaubert. Wie schön, dass man sich mit einem Zertifikat zum Mitnehmen stets an diese erfolgreiche Expedition zu Bahama Mama, Painkiller und Co. erinnern wird.

IN KOSTÜMEN ZUM MEISTERWERK WERDEN

KOSTÜMVERLEIH RICHTER & GULLMANN

Solgerstraße 4 (Rückgebäude), 90429 Nürnberg
www.kostuemverleih-nuernberg.de
ÖPNV: Haltestelle Obere Turnstraße oder Plärrer

Raus aus dem Alltag und rein ins Abenteuer. Wir schlüpfen in ausgefallene Gewänder und lustige Posen für ein Masterpiece-Foto vom Profifotografen Michael Eckstein. Im Kostümverleih von Ursula Richter und Edith Gullmann warten nämlich über 2.000 Kostüme und Accessoires darauf, mit Leben gefüllt zu werden.

Für den Verkleidungsmuffel Herrn K. ist es anfangs ungewöhnlich: »Ich hab mich selbst noch ned g'sehn, aber werd gleich erschreckn«, meint er schmunzelnd. Jedoch kurze Zeit später: »Des is a ganz neus Gfühl. Denn ich war noch ned so professionell verkleidet.«

Bestimmt schätzte auch der Politiker Markus Söder diesen Sachverstand der beiden Damen. Denn seine Anforderungen an sein Monroe-Kleid waren enorm. Ärmel und Ausschnitt sollte es keinesfalls haben, dafür aber einem großen Mann auf den Leib geschneidert sein und unglaublich weiblich sexy dazu. Das tolle Ergebnis konnte man dann 2013 bei der Fernsehübertragung der Veitshöchheimer Fastnacht in Franken bewundern.

Das macht Lust, mit Seide, Tüll und Samt die Werke alter Meister oder Filme wie »Games of Thrones« aufleben zu lassen. Wahre Kleiderschätzlein hängen hier. Ausgediente Bühnenkostüme der Wiener Opernbühne sind zu finden, aber auch der aufgelöste Kleiderfundus der Komischen Oper in Berlin.

Das Allerschönste aber ist, dass ein meisterliches Foto für immer an diese bezaubernde Verwandlung erinnern wird.

BEIM VERGNÜGLICHEN TÖPFERN INKLUSION LEBEN

BUNI-TREFF

Bertolt-Brecht-Straße 6 (Hintereingang), 90471 Nürnberg, Zugang barrierefrei
www.bunitreff.de (mit detaillierter Wegbeschreibung)
weitere Infos unter www.noris-inklusion.de und www.lhnbg.de
ÖPNV: Haltestelle Langwasser Nord

Ein getöpferter Gegenstand kann unbeschreiblich glücklich machen! Das weiß ganz Nürnberg. Denn eine grau-schwarze Tonscherbe mit einer Wellenlinie verziert und gefunden in der Nähe des Hauptmarktes hat nicht nur den Stadtarchäologen John Zeitler zum Jubeln gebracht. Mit ihm freute sich die ganze Stadt. Schließlich bewies dieser archäologische Fund auf der Baustelle des Hauses der Wirtschaft, dass die Frankenmetropole ganze 100 Jahre älter ist als gedacht.

Verwunderlich wiederum war es nicht, dass das Beweisstück aus Ton gefertigt worden war. Denn Ton zählt zu den ältesten verwendeten Rohstoffen der Menschen und das Töpfern zu den ursprünglichsten Handwerkstechniken. Nur ein Stückchen Ton und dazu die Hände sind notwendig für diese archaische Beschäftigung.

Hände sind etwas Wunderbares. Sie schleppen Einkaufskörbe, tippen fleißig in den Computer oder rühren im Kochtopf. Sie winken zum Abschied der Freundin hinterher oder werfen dem Herzblatt ein Küsschen zu. Aber richtig handwerklich tätig sind heute die allerwenigsten Hände.

Im Kultur- und Freizeittreff BUNI, einer gemeinsamen Einrichtung der Noris Inklusion und der Lebenshilfe Nürnberg, kann man in einem Workshop mit der professionellen Keramikmeisterin Martina Kraft ausprobieren, wie es ist, mit den Händen aus dem verwitterten Urgestein ein tolles Werk zu erschaffen. Das Besondere an der regelmäßigen Veranstaltung »Töpfern mit Martina« ist, dass sie sich sowohl an Menschen mit als auch ohne Behinderung richtet.

Daniel gefällt es in diesem besonderen Freizeitreff. »Das BUNI ist echt cool und macht Spaß!«, meint er auf Facebook. Und Elke sagt: »Ich liebe das BUNI. Da ist immer was los!« Eine perfekte Unternehmung also, um mit dem eingeschränkten Lieblingsmenschen mittendrin und dabei zu sein.
Eine herzliche Begrüßung und schon geht es los. Martina hat das Ausgangsmaterial mitgebracht. Der Klumpen Ton wirkt unscheinbar. Aber die Vorfreude ist bei allen groß, denn man weiß ja, er hat innere Werte, die man aus ihm herausformen wird.

Aber erst einmal gilt es, ihn kräftig zu kneten und vielleicht sogar ein phantasievolles »Ochsenmäulchen« entstehen zu lassen, indem man mit den Handballen die Seiten zudrückt. Zur richtigen Knettechnik gehört auch, dass er kräftig geschlagen wird, bis ihm die Luftbläschen ausgegangen sind. Das allein macht ja schon einmal viel Spaß. Kneten und klatschen. Kneten und klatschen. Juhu!
Nun wird geformt und gedreht, was der Tonklumpen hergibt. Die sympathische Keramikmeisterin hilft beim Umsetzen der eigenen Ideen mit fachlichem Know-how, sodass das Werkeln sowohl für Anfänger als auch für Fortgeschrittene eine Freude ist. Ob originelles Kunstwerk, individueller Gebrauchsgegenstand oder freier Lauf der Kreativität: Im hauseigenen Brennofen werden die Objekte schließlich von Martina sorgsam gebrannt. Und wer mag, kann sie zusätzlich noch mit Engoben oder Glasuren verschönern.

Was für eine vergnügliche Unternehmung zu zweit! Am Ende des Workshops kann man nur begeistert in die Hände klatschen. Denn ob mehrteiliges Kaffeeservice oder schiefes Schüsselchen: Die liebevoll durch die eigenen Hände entstandenen Werke zeigen, dass in jedem eine wunderbare Schöpferkraft steckt.

MIT DEM LIEBLINGSMENSCHEN

Köstlichkeiten teilen

ZUM COCKTAILSCHLÜRFEN DURCH DIE TELEFONZELLE TRETEN

GIN & JULEP

Bindergasse 12, 90403 Nürnberg
www.ginandjulep.de
ÖPNV: Haltestelle Rathaus oder Lorenzkirche

Ring! Ring! Ring! Bei Anruf Cocktails! Achtung! Hier kommt eine ganz spezielle Empfehlung für all diejenigen, die nicht nur gern köstliche Drinks in einem bezaubernden Ambiente genießen möchten, sondern auch das Außergewöhnliche lieben.

Es handelt sich um das Gin & Julep, Nürnbergs sympathische Speakeasy-Bar. Die Bar ist so besonders, weil sie mit Liebe und Leidenschaft von Gianni Ripa geführt wird, der Cocktailvariationen meisterlich mixt und mit Charme serviert. Immer auf der Suche nach neuen, raffinierten Kombinationen verzaubert er nicht nur seine Gäste. Für seinen Topseller Nummer 1, den Green Tonka Smash, dessen Rezeptur streng geheim ist und deswegen hier nicht gelüftet werden kann, wurde der professionelle Barmeister im Jahr 2018 bei den Bayerischen Meisterschaften ausgezeichnet.

Wie es sich für eine Speakeasy-Bar gehört, ist der Zutritt zu den Köstlichkeiten mit ungeahnten Abenteuern verbunden. Speakeasy-Bars entstanden in den 1920er Jahren infolge der amerikanischen Prohibition. Alkohol war verboten und ein hochprozentiges Getränk konnte man nur im Geheimen genießen. Deshalb verbarg man die Eingänge der Kneipen und Bars hinter unauffälligen Türen, hinter Bücherwänden oder Telefonzellen. Damit sie nicht auffielen, wurde nur leise von und in ihnen gesprochen. Deshalb nannte man sie Speakeasy-, Flüster- oder Mondschein-Kneipen.

Ob Berlin, Paris, New York, Singapur oder eben Nürnberg: Auch wenn heute das Alkoholtrinken meist erlaubt ist, erinnert in vielen Metropolen dieser Welt die ein oder andere besondere Bar mit ihrem versteckten Eingang immer noch an diese abenteuerliche Zeit.

Im Gin & Julep startet der Barbesuch mit dem Eintreten in eine Telefonzelle. Ach, ist das lustig! Man betritt einen klitzekleinen Raum, in dem ein uraltes schwarzes Telefon an der Wand hängt. Einer dieser alten Apparate, deren Telefonhörer man noch von der Gabel abnehmen muss und die Alfred Hitchcock im Krimi »Bei Anruf Mord« lange klingeln ließ, um die Spannung zu steigern. Ring! Ring! Ring! Ein Fensterchen in der Telefonzelle als Guckloch in die Bar weckt Vorfreude auf den kommenden Genuss. Doch erst muss der Anweisung auf der Glasscheibe gefolgt werden: »Stop. Pick up the phone and wait!« (Bleib stehen. Hebe den Hörer ab und warte!)

Schon öffnet Gianni die Tür. Der Weg zu den raffinierten Cocktails ist freigegeben. Mhm! Neben den köstlichen Eigenkreationen wie dem geheimnisvollen Green Lantern oder dem fruchtigen Raspberry Mint Julep gibt es auch die zeitlosen Klassiker. Und das eben alles auf Meisterniveau. Wie bezaubernd und immer wieder neu: Die Karte wechselt mit den Jahreszeiten.

Ach, ist das herrlich! Die Atmosphäre ist cool, die Musik entspannt und während man an der Bar sitzt, kann man zu zweit Giannis barmeisterliche Schüttelkunst bestaunen, plaudernd mit ihm in die Welt der Cocktails eintauchen oder seine tolle Sammlung von musealen Shakern bewundern. Schließlich stehen auf alten Regalbrettern knapp 200 Einzelstücke zum Bestaunen bereit. Der älteste unter ihnen stammt aus dem Jahr 1890. In welcher Bar dieser Welt er wohl einst geschüttelt wurde?

SICH VERWÖHNEN LASSEN IM RESTAURANT 1515 RHINOCERVS

Mit seinem Holzschnitt des im 16. Jahrhundert so exotischen »Rhinocerus« hat Albrecht Dürer weit über die Stadtmauern Nürnbergs geblickt. Mit dem Besuch des kleinen und feinen Restaurants 1515rhinocervs kann man es dem Künstler nachmachen. Denn das exquisite Lokal in der Rohledererstraße guckt weit über den fränkischen Tellerrand hinaus. Hier trifft nämlich die urbane, saisonale Küche auf brasilianisches Temperament. Die Küchenchefin Viviane Zabold bringt typisch brasilianische Zutaten und Lebensfreude aus ihrer Heimatstadt Rio de Janeiro nach Nürnberg. Kein Wunder, dass Fachzeitschriften wie »Der Feinschmecker« oder das Foodmagazin »B-Eat« diese besondere Location mit Lob nur so überschütten. »Optisch und geschmacklich ein Knaller«, stimmt dem auch Florian S. zu.

➽ www.1515rhinocerus.de

AUSTERN SCHLÜRFEN BEIM STADTHEILIGEN

RESTAURANT SEBALD

Weinmarkt 14, 90403 Nürnberg
www.restaurant-sebald.de
ÖPNV: Haltestelle Rathaus oder Lorenzkirche

Schon Julius Caesar schätzte die Auster als kulinarische Köstlichkeit. Und der trinkfreudige Kaiser Vitellius soll bei einem Gelage sage und schreibe 1.000 dieser Schalentiere verspeist haben.

Vielleicht ja wegen der aphrodisierenden Wirkung, die der Auster schon in der Antike nachgesagt wurde? Wer weiß? Schließlich wurde Aphrodite, die griechische Göttin der Liebe, aus dem Schaum des Meeres geboren. Sie soll auf anmutige Weise einer Muschel entstiegen sein. Auch Giacomo Casanova, der venezianische Schriftsteller, dessen hocherotische Memoiren bis heute faszinieren, schwor auf dieses sinnliche Liebesmittel. Um seine Manneskraft zu erhalten, aß er täglich 50 Austern!

In einem romantischen Ambiente zu zweit Austern schlürfen, das wäre doch mal eine ganz besondere Unternehmung. Am bezaubernden Weinmarkt bietet das Restaurant Sebald, das mit seinem Namen an den Nürnberger Stadtheiligen erinnert, regelmäßig diese kulinarische Köstlichkeit an. Wie schön das ist: Gemeinsam sitzt man voller Vorfreude auf den sinnlichen Genuss am leinengedeckten Tisch, auf dem das Kerzenlicht flackert und der Ober mit den Austern naht. Auf Eis gelegt, mit knusprigem Brot und einem Töpfchen mit Himbeervinaigrette werden sie serviert. Dazu ein Gläschen Champagner und live gespielte Pianomusik. Perfekt! Auf die Liebe, Herr Casanova! Es müssen ja keine 50 Austern sein.

SICH VON EINEM KARTOFFEL-HELDEN VERWÖHNEN LASSEN

KRUMMBEERE

Südliche Fürther Straße 31a, 90429 Nürnberg
www.krummbeere.com
ÖPNV: Haltestelle Gostenhof

»Wir sind ein echter Geheimtipp!«, verrät Yusuf Halistürk begeistert. Der Besitzer der Krummbeere kann auch wirklich stolz sein. Denn seit 2015 betreibt er dieses total nette, kleine Tagescafé zusammen mit seiner Ehefrau Semiha. Und das sehr erfolgreich. »Wir machen keine Werbung. Unsere Gäste empfehlen uns weiter. Wir sind sozusagen ein echtes Insidercafé.«

Von außen würde man eher vorbeilaufen an diesem unauffälligen Café mit den kleinen Schaufenstern … wäre da nicht die einladend geöffnete Tür, aus der es herausduftet. Und wären da nicht die beiden goldigen, weiblichen Gäste auf den zitronengelben oder pinkfarbenen Stühlchen an dem quietschbunten schmiedeeisernen Tisch vor der Tür, lachend im Kaffeeklatsch vertieft. Hier muss es schön sein!

Der Anspruch der engagierten Besitzer: Alles wird selbst gemacht. Vom Couscous über Hummus, auch der Linsensalat. Nichts wird zugekauft. Stolz präsentiert Yusuf deshalb gern die gläsernen Behälter, in denen die Körner und das Getreide darauf warten, köstlich zu Salaten und Beilagen verarbeitet zu werden. Für den großen Hunger gibt es etwas ganz Besonderes: die Krummbeere, von Yusuf auch »Kumpir« genannt.

»Kumpir«, so verrät der Herr der Knolle, »ist das pfälzische Wort für Krummbeere. Und als die Pfälzer mit ihren Kartoffeln im 17. und 18. Jahrhundert nach Südosteuropa auswanderten, verbreitete sich das Wort Kumpir für Kartoffel schnell bei den Balkanvölkern.« Wie interessant!

Kumpir
KLASSIK 6.50
FETA 6.50
HUMMUS 6.50
TUNA
MEXICO 6.50

Die »baked potatoe«, die gebackene Kartoffel, ist seine Leidenschaft, frisch aus dem Spezialofen, mit 300 Grad gebacken, mit Liebe zubereitet und herzhaft gefüllt. Durch die lange Backzeit, nämlich 90 Minuten, bekommt sie ihren unvergleichlichen Geschmack und behält so außerdem noch ganz viele ihrer Nährstoffe.

Dieser Kartoffelheld hat es wirklich drauf: Er zerdrückt das Innere mit leicht gesalzener Butter und geriebenem Käse zu einem herrlich duftenden Püree, das man mit den unterschiedlichsten Füllungen genießen kann: Couscous und Co. warten schon darauf, verschlungen zu werden.
Damit dieses Kartoffelrendezvous mit dem Lieblingsmenschen wirklich ein Erfolg wird, hat der Meister der Knolle ein Schild aufgehängt mit der Aufschrift: »Wir haben kein W-LAN. Redet miteinander. Tut so als wäre es 1978!« Hihi! Nichts leichter als das, wo doch schon die köstlichen Törtchen und Kuchen darauf warten, als Nachtisch vernascht zu werden. Ob Käsekuchen, orientalisches Gebäck oder Minicreme-Tarte mit Kirsche: Die Kuchenfans kommen von weit her, um sie zu genießen, sogar aus Erlangen. Und aus Fürth sowieso. Semiha ist in der Krummbeere die göttliche Backmeisterin, auf deren Künste schon so manches Café der Stadt mit neidvollem Blick aufmerksam geworden ist.
Zum Kuchen von Semiha gibt es exquisiten Kaffee aus Bohnen einer Nürnberger Kaffeerösterei, die mit traditionellem Trommelröstverfahren arbeitet. Wie könnte es auch anders sein für so ein besonderes Insidercafé!

Hier passt alles zusammen für eine kleine Flucht aus dem Alltag und ein schönes Schwätzchen ganz ohne W-LAN: Die hohe Qualität der frisch zubereiteten Speisen, der echte Geheimtipp dank mangelnder Werbung und die meisterliche Kunst eines echten Kartoffelhelden.

DIE LEBKUGEL DES HERRN MARX GENIESSEN

Darf es mal eine Lebkuchen-Geschmack-Explosion der anderen Art sein? Dann ist die Lebkugel genau das Richtige. Herr Marx zaubert mit seinem grandiosen Können das Lebkuchenerlebnis in eine Praline. Der Konditor hat sie erfunden, diese kleine Paradieskugel. Das Besondere: Das Innenleben der Praline füllt er nicht in eine vorgefertigte Form. Vielmehr werden die auf der Zunge schmelzenden Zutaten von Hand zu einem Kügelchen gerollt und mit Schokolade überzogen. Ähnlich einem Schneeball sieht man deshalb auch die Rollspuren und diese künden schon von außen: Gleich wird es unbeschreiblich lecker. Ein herzhafter Biss und die knackige Schokolade gibt das Paradies frei. Und dann kommt der Moment, in dem die Praline sahnegleich und voller Lebkuchenaroma auf der Zunge schmilzt. Genau in diesem Augenblick erinnert man sich an all die wunderbaren Weihnachtsfeste, die man erlebt hat. Die Lebkugel? Ein kleines Fest der Liebe.

➤➤ www.lebkugeln.de

IN SOMMERLICHER MORGEN-STIMMUNG SCHWELGEN

CAFÉ SCHNEPPERSCHÜTZ

Am Hallertor 3, 90403 Nürnberg
www.facebook.com/Schnepperschütz
ÖPNV: Haltestelle Hallertor

Der perfekte Start zu zweit an einem schönen Sommermorgen? Man bekleide sich mit Blümchenkleid oder Blüte am Strohhut und begebe sich für köstliche Mußestunden an einen besonders idyllischen Ort. Unterhalb der Hallertorbrücke gelegen und einst als öffentliches Toilettenhäuschen in Gebrauch, sind heute die Räume in der Stadtmauer von einem kleinen Szenecafé besetzt. Das Café Schnepperschütz ist hier im Jahr 2009 eingezogen und erfreut seitdem als Geheimtipp die Nürnberger Herzen.

Ob Alt oder Jung: Beliebt ist am Tag die kleine Rast nach dem Stadtbummel oder am Abend das lässige Abhängen mit einem gut aufgelegten, bunten Publikum. Wie wäre es aber mal mit Romantik plus? Denn ganz früh am sommerlichen Morgen, wenn die Stadt gerade erwacht und die Enten in der Pegnitz direkt nebenan die ersten Tauchübungen veranstalten, dann kann es hier nicht idyllischer sein.

Die heiß begehrten Sitzplätze an der Stadtmauer sind noch frei. Entspannt kann man auf den hippen französischen Terrassenstühlen aus Stahlblech sitzen und den Ausblick auf die noch leere Hallerwiese mit dem romantischen Schnepperschützenbrunnen genießen. Sanft plätschert das Brunnenwasser aus der Schale herab. Später am Tag wird der Brunnen den kleinen Nürnbergern und ihrem Spiel gehören. Nun aber kann man zu zweit als Mauerblümchen diesen besonderen Moment mit Café au Lait, französischem Landbrot und fränkischem Kuchen genießen. So geht »savoir vivre« am Morgen in Nürnberg!

LEIB UND SEELE MIT KRÄUTERN VERWÖHNEN

KRÄUTERHANDLUNG MADLON SCHARFF

Tuchgasse 4, 90403 Nürnberg
ÖPNV: Haltestelle Lorenzkirche

Eine kleine Tür, zwei winzige Schaufenster: Der Laden ist im Getümmel um den Hauptmarkt leicht zu übersehen. Wäre da nicht das Hausschild, das so schön verschnörkelt und wie aus einer anderen Zeit über der kleinen Gasse baumelt: »Kräuterhandlung Madlon Scharff« steht darauf.

Und wäre da nicht der aromatische Wohlgeruch all der Kräuter und Gewürze, der durch die Tuchgasse strömt. Einfach also den Augen und der Nase gefolgt. Doch Halt! Vor dem Eintreten sind bitte noch die gewürzreich dekorierten Schaufenster neben der alten Holztür zu bewundern. Innen empfängt einen dann Ruth Krähner freudestrahlend. Seit 1980 ist sie die Inhaberin dieser ältesten Kräuterhandlung Nürnbergs.

Es ist wie eine Reise in die Zeit, als die Läden noch klein waren und Tante Emma einen persönlich bediente. »Was darf es denn sein?«, begrüßt die Kräuterfrau hier auch heute noch. Das ist einfach zu schön, um wahr zu sein. Ja, was darf es sein? Vielleicht Frau Krähners Lieblingspflanze, der Silbermantel? »Schmeckt gut, ist eine schöne Pflanze und hilft gegen Frauenbeschwerden«, schwärmt sie. Um die 400 verschiedene Kräuter und Gewürze füllen die hölzernen Schubläden des knapp 20 Quadratmeter großen Verkaufsraumes bis unter die Decke. Wohltuende Pflanzen Schub an Schub. Da fällt die Auswahl schon schwer. Aber Gott sei Dank gibt es die unübertreffliche Kräuterkennerin, die schon als Kind ein Krautfan war. Sie zaubert mit ihrem Heilkräuterwissen die köstlichsten und heilsamsten Mischungen. Tea for two. Juhu!

50g 2.-
Löwenzahnwurz

GEMEINSAM IN DER SPELUNKE VERSACKEN

WILD UND GEFLÜGEL (WEH UND GEH)

Weintraubengasse 6, 90403 Nürnberg
www.wildundgefluegel.com
ÖPNV: Haltestelle Weintraubengasse

Hier kommt der wahre Insidertipp für den lustigsten Ort, um zu zweit ein richtig gutes fränkisches Bierchen zu trinken und gemeinsam bei entspannten Gesprächen auf der Couch zu versumpfen: das Weh und Geh, das Wild und Geflügel.

Die Maximen dieser selbst betitelten Spelunke: »Im Weh und Geh is immer schee!«, »Don't like us on facebook!« und »Rettet das Bier!« Zur süffigen Halben wird das »beste Hähnchen in der Stadt« (Gastkommentar auf Facebook) serviert und obendrauf gibt es coole Livemusik. Perfekt für einen schönen Abend mit dem besten Freund oder der großen Schwester. Dass die Adresse offiziell »Reinschraubengasse 6« lautet, ist schon mal originell, denn diese Gasse gibt es in Nürnberg gar nicht. Weintraubengasse 6 kommt da schon eher hin.

Ein ehemaliger Metzgereiladen in einem denkmalgeschützten Haus wurde das Zuhause dieser ausgefallenen Bierkneipe! Das Leuchtschild »Metzgerei« flimmert deshalb heute noch über der Tür und die einstigen Spezialitäten Wild und Geflügel beziehungsweise deren Anfangsbuchstaben gaben der Spelunke ihren Namen.

Innen ist es gemütlich wie in einer kleinen Junggesellenbude. Ein skandinavisches Sofa lädt zum Hinlümmeln ein, ein alter, garantiert nicht echter Perserteppich verwöhnt die Füße und eine Stehlampe mit Blümchenstoff im Stil der 1960er Jahre macht es romantisch. Ein perfekter Ort also, um zu zweit lässig zu chillen und die Zehen zum coolen DJ-Sound wippen zu lassen.

Wild u. Geflügel
METZGEREI
Heute empfehlen wir
KEIN ZUTRITT

Neben diesem gemütlichen Ambiente wird natürlich auch für das leibliche Wohl gesorgt. Denn in dieser besonderen Kneipe kann man zu einem knusprig servierten Broiler köstlich seinen Durst stillen.

Zum einen ist das Biersortiment hervorragend: Neben Huppendorfer oder Leinburger Bier gibt es viele tolle Hopfengetränke von klitzekleinen fränkischen Brauereien. Und mit der Bushaltestelle vor der Tür fällt es leicht, zu zweit eine kleine oder auch größere Verkostung zu unternehmen.

Das Wasserangebot kommt ebenfalls nicht zu kurz: Man hat die Auswahl zwischen Leitungsheimer Spätlese oder Leitungsheimer Spumante jeweils für 0 Euro. Eine kleine Fußnote zu diesen beiden exquisiten Getränken verrät: »Tafel-/Leitungswasser kostenfrei« und »Wer das liest, ist doof.«

Eine weitere amüsante Spezialität des Hauses scheinen die Milfgetränke zu sein. Milfgetränke? Man kommt ins Rätseln: Hat sich da der Barkeeper verschrieben? Schlimmer noch: Ist einem da ein neuer Trend entgangen? Ich tippe auf Letzteres und werde bei meinem nächsten Besuch den Herrn der Getränke in ein sehr langes mütterliches Gespräch verwickeln. Versprochen!

In der sympathischen Spelunke gibt es auch wahre Zaubertränke wie den Feuchten Lappen. Wie spannend, denn seine Zutaten sind laut Aushang »geheim«.

All das sind doch die besten Voraussetzungen für einen richtig lustigen Abend zu zweit. Denn entspannt abschalten und dabei Getränke genießen, die den Gaumen oder das Lachfell kitzeln, das geht nur im Wild und Geflügel. Was für eine tolle Lieblingskneipe!

GENUSS-HYGIENE-SPRAYS VOM ALTSTADTHOF

Ein Schnäpschen in Ehren kann niemand verwehren. Es muss ja nicht immer getrunken werden. Darf es vielleicht einmal eine Wacholderschnapswolke der Hygiene wegen sein? Oder ist vielleicht doch der Duft nach Whisky in den Handflächen betörender? Beides ist möglich. Denn die Hausbrauerei Altstadthof stellt seit dem Jahr 2020 hausgemachte Desinfektionssprays aus reinem Bioalkohol und ohne Zusatzstoffe her. Die Genuss-Hygiene-Sprays kann man sowohl in der Brauerei als auch im Internet kaufen.

➤➝ www.hausbrauerei-altstadthof.de/genuss-hygiene-spray

FRISCH GEZAPFTE SPEZIALBIERE PROBIEREN

HAUSBRAUEREI ALTSTADTHOF

Bergstraße 19, 90403 Nürnberg
www.hausbrauerei-altstadthof.de
ÖPNV: Haltestelle Lorenzkirche

Ein Prosit auf die Freundschaft! Denn ein gemeinsam genossener Trunk ist etwas Wunderbares.

Übung macht den Meister, sagt man. Damit ist hier nun aber nicht das Trinken an sich gemeint, sondern vielmehr die Herstellung des süffigen Gerstensaftes. Und da das Nürnberger Brauwesen bis in das frühe 14. Jahrhundert zurückreicht, können die Brauereien in der schönen Frankenmetropole mit Fug und Recht behaupten: Unser Bier ist meisterlich, denn wir haben eine 700 Jahre lange Erfahrung! Im Mittelalter war Bier ein Grundnahrungsmittel. Und damit auch jeder Einwohner ausreichend zu trinken hatte, gab es in Nürnberg laut Quellen im Jahr 1402 sage und schreibe 56 Brauhäuser. Heute befindet sich in der Altstadt nur noch eine Brauerei: die Hausbrauerei Altstadthof. Sie liegt zu Füßen der Kaiserburg am ältesten Braustandort und hat einen ruhigen Innenhof, in dem man sein Bier genüsslich süffeln kann, während gleich nebenan in hölzernen Gärbottichen und Kupferkesseln handwerklich und in Bioqualität gebraut wird.

Zusammen mit dem Spezi lässt sich mit Vergnügen ausprobieren, wie diese frisch gezapften, hausgebrauten Spezialbiere schmecken. Am besten ist dafür die Probierpalette geeignet, auf der sich drei verschiedene leckere Sorten befinden. So zum Beispiel das berühmte Rotbier, das mittlerweile neben Bratwurst und Lebkuchen zu den Nürnberger Spezialitäten gehört. Und damit es wohl bekommt, unbedingt dazu ein leckeres Käsebrett mit frischem Krustenbrot genießen. Hopfen und Malz – Gott erhalt's!

Whiskydestille
HAUSBRAUEREI ALTSTADTHOF
NÜRNBERGER STADTBIER
HAUSBRAUEREI ALTSTADTHOF
NÜRNBERGER STADTBIER

AUF DEM PLÜSCHSOFA DEN KAFFEE BRÜHEN

KAFFEE LEBEMANN

Adlerstraße 28, 90403 Nürnberg
facebook.com/kaffeelebemann
ÖPNV: Haltestelle Lorenzkirche

»Ich gehe nicht arbeiten!« Da sitzt er, der moderne Lebemann par excellence: Florian Lang, lässig und doch gleichzeitig mit Grandezza hingelümmelt auf seinem uralten Plüschsofa. Sein Lächeln zwischen dem Dreiwochenbart und unter der coolen schwarzen Beanie ist unwiderstehlich und lädt zum Bleiben ein. Auch wenn sein Herz schon vergeben zu sein scheint, man mag hier so schnell nicht mehr weg. Der Inhaber des Kaffee Lebemann brennt nämlich für richtig guten Kaffee. »Honey« nennt er seinen Costa Rica, einen von sechs Köstlichkeiten. Und wie es sich für einen guten Betreiber eines Cafés gehört, trinkt er selbst schon so sechs bis acht Tässchen besten Espresso am Tag. »Das war nicht immer so«, raunt er einem zu. »Am Anfang habe ich selbst gar keinen Kaffee getrunken.« Na, wenn dieser Mann mal nicht die beste Werbung für diese coole Location ist!

Das kleine außergewöhnliche Café unter der Treppe am Köpfleinsberg mit atemberaubendem Blick zur Kaiserburg ist gar nicht so leicht zu finden. Wären da nicht die Bänker in den schnieken Anzügen, die flotten Omis und Großväter oder die anmutigen Grazien mit langem Haar, die sich auf der Freitreppe oder an den schönen Holztischchen davor niedergelassen haben und ihren Cappuccino schlürfen.

Betritt man das Café, klatscht man vor Begeisterung in die Hände. Wie cool ist das denn! Dieser Ort mit seinem Industrie-Oma-Schick lädt dazu ein, genüsslich Kaffee zu trinken und über längst vergangene Zeiten zu plaudern.

Was für eine Mischung: Rohe Backsteinwände und offen verlegte Rohre lassen erkennen, dass man in einem ehemaligen Lagerraum gelandet ist. Nun aber stehen auf Perserteppichen samtige Sofas und uralte Werkstatthocker. Aufs stille Örtchen geht es extravagant durch eine Bücherwand. Und lederne Ohrensessel, tüdelige Lampen und schwarzweiße Porträtfotos an den Wänden rufen einem zu: »Mach es dir doch gemütlich in Omis Wohnzimmer!«

Gefunden hat Florian die antiken Einzelstücke auf Bauernhöfen, Dachböden oder in Vintageläden. Für das plüschige Prachtexemplar von Kanapee an der hinteren Wand ist er sogar 300 Kilometer weit gefahren. Was für ein leidenschaftlicher Mann!

Die kulinarische Besonderheit im Lebemann ist der Filterkaffee. Eine wunderbar altmodische und zugleich entspannende Kaffeezubereitung, die im 18. Jahrhundert entwickelt wurde. Wie einst die Großmama darf man hier den Kaffee auf den 1950er-Jahren-Tischen selbst aufbrühen.

Das Ensemble aus Silberkanne und Kaffeebereiter mit Glastrichter und Kupferrohr, das der Barista an den Tisch bringt, sieht nicht nur sehr industriell-schick aus, durch das eingelegte Filterpapier schmeckt der langsam durchgelaufene Kaffee tatsächlich unbeschreiblich fein und köstlich.

Die Zeit bleibt stehen in diesem ausgefallenen Café, während der Honey Costa Rica duftend dahintröpfelt. Und ehe man sich versieht, ist man doch tatsächlich selbst zum Lebemann oder zur Lebefrau geworden. Denn hier fällt es leicht, ein Bonvivant wie Florian zu sein. Mit einem Lächeln auf den Lippen beendet er dann auch seinen anfänglichen Satz: »Ich gehe nicht arbeiten. Ich komme von daheim ins Wohnzimmer!«

DREI WEITERE ALLES AUSSER GEWÖHNLICHE CAFÉS

➽ Der Kaffeehausladen in St. Johannis

Ein echter Geheimtipp! Als würde man in die Zeit der Kolonialwarengeschäfte und kleinen Wiener Kaffeehäuser eintauchen. Die selbst gemachten Kuchen sind zum Niederknien.
www.facebook.com/der.kaffeehausladen

➽ Café LaTerrazza des Hotel Victoria

Mit Blick auf die faszinierende Schaufensterfassade des Neuen Museum kann man sich hier auf einem der schönsten Plätze der Stadt in der Sonne zurücklehnen und eine köstliche Kuchenschlacht veranstalten.
www.hotelvictoria.de

➽ Kumda Coffee in Gostenhof

Ganz versteckt im Szeneviertel GoHo liegt dieses winzige Café. Hier hat man das wunderbare Gefühl, für einen Moment in den Orient zu reisen. Denn der türkische Mokka wird ganz traditionell im heißen Sand gebrüht. »Kumda Kahve« (oder Coffee) heißt ja auch übersetzt Kaffee im Sand. www.facebook.com/kumda.coffee

MIT MUTTERN KRAUT UND RÜBEN KOCHEN

SENIOREN-MITTAGSTISCH

Kulturwerkstatt auf AEG, Fürther Straße 244d, 90429 Nürnberg
Zugang barrierefrei
www.kuf-kultur.de/kulturwerkstatt
ÖPNV: Haltestelle Eberhardshof

»Grüß euch alle miteinander, ihr Kochlieblinge!« Der Empfang in diesem besonderen Kochstudio könnte nicht herzlicher sein.

Der »Senioren-Mittagstisch: Gerda kocht auf!« ist ein besonderes Küchenevent und trotzdem kaum bekannt. Es ist eine wunderbare Gelegenheit, um mit Schwiegermama, Mutti oder Opa eine tolle Zeit zu verbringen und sprichwörtlich über den eigenen Tellerrand zu schauen. Das Motto lautet: Ob alt(eingesessen), ob jung(geblieben), wir kochen gemeinsam ein köstliches Gericht und essen es anschließend alle zusammen auf. Und sofort ist es da, das Gefühl wie bei Muttern. Denn Gerda Schirl ist eine junggebliebene, flotte Köchin im Rentenalter mit dem fränkischen Herzen am rechten Fleck und mit Leidenschaft für Kraut und Rüben.

»Wir kochen, was der Markt hergibt!«, sagt die Hauswirtschaftsmeisterin. Und so kann das Motto eines Kochevents durchaus lauten: Alles Sellerie, oder was? Dann zeigt Gerda, was man aus dieser tollen Knolle Köstliches zaubern kann. Da ist erst einmal die »Sellerisubbm«, für die das Gemüse in kleine Stücke geschnitten werden darf. Danach der einfach zu raspelnde Waldorfsalat und natürlich die falschen Schnitzel, diese fränkische Spezialität aus den Scheiben der Knolle.

»Ich zeig's euch amol« und »schmekt fei wundabar« sind die Motivationen, mit denen die leidenschaftliche Küchenchefin das kleine Kochgrüppchen antreibt. Und so wird gehobelt und gerührt, geplaudert und gelacht, was das Gemüse hält.

GERDA

OFENFRISCHES SCHÄUFELE SCHLEMMEN

SCHANZENBRÄU SCHANKWIRTSCHAFT

Adam-Klein-Straße 27, 90429 Nürnberg
www.schanzenbraeu.de
ÖPNV: Haltestelle Bärenschanze

Schanzenbräu! Schon der Name lässt die Herzen von Bierfreunden höherschlagen. Ob das Sommerbier für den Bierdurst am Mittag oder das süffige Kehlengold: Die Nürnberger und Fürther lieben die kleine Privatbrauerei für ihr köstliches Bier. 2004 wurden die ersten Biere noch abenteuerlich im Keller einer Hinterhofwerkstatt gebraut. Ausgediente Waschkessel wurden damals zum Einmaischen verwendet. Heute besitzt die Brauerei eine hochmoderne Brauanlage.

Nur Eingeweihte wissen jedoch, dass es im kultigen Stadtteil Gostenhof auch eine urige Schankwirtschaft mit Biergarten gibt, in der man neben dem süffigen Bier deftige Brotzeiten und köstliche Nürnberger Bratwürste genießen kann. Und das Besondere: am Samstag und Sonntag sogar ofenfrisches Schäufele.

Das Betreten des charmanten Gastraumes ist wie eine kleine Reise in die Zeit der Heimatromane. Der Oberbayer Ludwig Ganghofer oder der Fürther Jakob Wassermann hätten sich hier beim Schreiben ihrer Geschichten bestimmt sehr wohlgefühlt. Denn wie es sich für ein zünftiges Wirtshaus gehört, haben die Holzverkleidungen der Wände Haken für den Trachtenhut oder die Baseballkappe. Und die umlaufende Holzbank und die nostalgischen Wirtshausstühle laden zum Zusammenrutschen oder zum Füßeln ein. Da kommt es auch schon: das ofenfrische Schäufele zum Rotbier! Knusprig und rösch das eine. Das andere mit Gold prämiert beim Meininger's International Craft Beer Award 2019. Prost Mahlzeit!

SCHANKWIRTSCHAFT
SCHANZENBRÄU
Nürnberg-Gostenhof

SICH VON DER NÜRNBERGER HEXE VERZAUBERN LASSEN

ZUM SPIESSGESELLEN

Rathausplatz 4, 90403 Nürnberg, nach Vorabsprache barrierefrei
www.spiessgeselle.de
ÖPNV: Haltestelle Hauptmarkt oder Lorenzkirche

Ihr Name ist Trude. Und sie kommt aus längst vergangenen Tagen. Sie selbst bezeichnet sich mit einem Augenzwinkern als »harmloses Kräuterweib«. Dabei sieht sie eher aus wie eine unheimliche Hexe aus dem tiefsten Mittelalter mit dem abgenutzten Besen. Und dann auch noch diese dunkel umschatteten Augen, das struppige rote Haar, das unter der Haube hervorlugt und die seltsame Gewandung. Harmlos?

O wei! Ob das mal eine gute Idee war? Ein klein bisschen mulmig ist einem nun schon. Wie gut, dass man dieses Abenteuer mit dem Lieblingsmenschen unternommen hat. Gemeinsam, Schulter an Schulter oder Hand in Hand, ist doch alles zu schaffen, oder etwa nicht? Und außerdem: Allein unterwegs ist man ja eh nicht mit Trude, ein Grüppchen netter Leute ist auch mit dabei. Was kann einem also schon passieren?

Doch von Anfang an. Wer Lust hat, den Genuss kulinarischer Köstlichkeiten mit einem unterhaltsamen Stadtrundgang zu verbinden, der ist hier genau richtig. Das Restaurant Zum Spießgesellen und ich als Stadtführerin haben uns nämlich zu einem ganz besonderen Highlight in Nürnberg zusammengetan: dem Erlebnismenü!

Mitten im altehrwürdigen Rathaus, nur einen Katzensprung von der schönen Sebalduskirche und dem umtriebigen Hauptmarkt entfernt, hat das Restaurant seine Gasträume. Schon das Betreten macht Freude, denn mit seiner prachtvollen Fassade wirkt das Gebäude wie ein italienischer Palazzo. Innen macht der Spießgeselle seinem Namen

alle Ehre: Die Wände sind mit Piken geschmückt, in Erinnerung an die Landsknechte, an die Spießgesellen des Dreißigjährigen Krieges.

Überhaupt fühlt man sich hier in alte Zeiten versetzt, weil die Bedienungen die Kleidung in der Art von Marketenderinnen tragen. Und ein Spanferkel, das am Spieß brutzelt, zieht alle Blicke auf sich.

Die Zeitreise hat begonnen. An dunkel gebeizten Holztischen gibt es nun bei Kerzenschein die ersten beiden Gänge des Hexenmenüs. Eine Kelle aus dem Suppenkessel wärmt Bauch und Füße. Und der knusprige Kammbraten mit Kräutern mundet vorzüglich. Nach diesem leckeren Gelage wäre nun ein kleiner Verdauungsspaziergang perfekt. Wie gut, dass das harmlose Kräuterweib schon »zufällig« bereitsteht. Ihre Warnung, dass vielleicht nicht alle zurückkommen werden, um den »süßen Scheiterhaufen«, den Nachtisch, genießen zu können, quittiert man mit einem Lächeln. Schließlich ist man mit Trude unter all den Paaren, Mama-Tochter-Gruppen, Beste-Freunde-Duos nicht allein.

Ach, ist das ein spannendes Abenteuer. Denn wenn sich nun die Dämmerung über die Altstadt senkt und man dieser Unholden mit Funzellicht und Besenstiel durch die malerischen Gassen Nürnbergs folgt, erlebt man zu zweit in der Gruppe seine eigene Stadt auf ganz neue Art und Weise. Ob in der Weißgerbergasse oder am Henkersteg, im Abendlicht lässt sich wunderbar den unheimlichen, aber wahren Geschichten der Hexe lauschen.

Nach Zauberräuchern voller Magie und wichtigen Ratschlägen in der Kräuterkunde erreicht dann doch jeder Teilnehmer überraschend wieder das schöne Lokal, um sich dem »süßen Scheiterhaufen« hingeben zu können. Und das alles ohne Hexenschuss! Wie zauberhaft!

KNUSPRIG UND RÖSCH! SO GELINGT DIE PERFEKTE SCHWEINEBRATENKRUSTE

Hier kommt der Geheimtipp von Bierbrauer Stefan Stretz, dem Chef von Schanzenbräu: »Damit die Kruste schön rösch wird, das Schäufele mehrmals mit Rotbier einpinseln!« Und weiter verrät er im Gespräch unter vier Augen mit einem herzhaften Lachen: »Und vor allem sollte der Koch in der heimischen Küche auch ein Rotbier trinken. Dann gelingt das perfekte Schäufele garantiert.«

RAFFINIERTE HÄPPCHEN VERKOSTEN

OLIO EXTRA

Allersberger Straße 131, 90461 Nürnberg
www.olioextra.de
ÖPNV: Haltestelle Wodanstraße

Benvenuto! Herzlich willkommen! In den Laden von Eva-Maria Göß ist für zwei Tage italienisches Temperament eingezogen. Fröhliches Lachen und die sympathische mediterrane Sprache klingen bis auf die Straße. Zwei Köche aus einer der ältesten und weltweit angesehensten Kochschulen, der Schule aus dem »Dorf der Köche« in den Abruzzen, sind eingetroffen, um mit kleinen genussvollen Köstlichkeiten zu verführen.

Das Besondere an Frau Göß' Geschäft Olio Extra ist, dass sie ausschließlich eine Sorte Olivenöl verkauft und das nun schon seit Jahrzehnten äußerst erfolgreich. Da ihr Schwager Livio bei seinen Besuchen »richtig gutes Öl … die Basis einer guten Küche …« vermisste, kam Frau Göß auf die Idee, allerbestes Olivenöl zu verkaufen. Dank Livio waren schnell freundschaftliche Kontakte zu einem Olivenbauern in Loreto Aprutino geknüpft. Jedes Jahr im Oktober erntet dieser Bauer die Oliven von Hand und verarbeitet sie in seiner 400 Jahre alten Mühle zu flüssigem Gold, das exklusiv nur dort oder bei Frau Göß zu kaufen ist.

Während die Köche nun fleißig werkeln, fällt der Blick auf die bezaubernd gestalteten Flaschen, auf denen Leonardo da Vincis »Dame mit dem Hermelin« … pardon, hier: »mit dem Olivenstrauch« wohlwollend lächelt. Die köstlichen Kreationen mit Olivenöl zergehen auf der Zunge. Und ein Glas Wein dazu wird zum absoluten Genuss. Man schnabuliert, lauscht den Tricks der italienischen Küche und freut sich über diesen kleinen Ausflug mit dem Lieblingsmenschen nach Bella Italia.

Olio
Extra Vergine
di Oliva
LORETO
Natives Olivenöl
Extra
aus Loreto Aprutino
Abruzzen, Italien

DAS GEHEIMREZEPT VON FRANCESCA

Frau Göß hat in einem kleinen Büchlein traditionelle Rezepte aus den privaten Küchen der Abruzzen zusammengetragen. Das Rezept des göttlichen Eierkuchens von Francesca gibt es hier zum Nachbacken. Buon Appetito!

Ciambellone alla Francesca (Eierkuchen nach Francesca)

Zutaten:
4 Eier
160 Gramm Butter
180 Gramm Zucker
450 Gramm Mehl
1 Glas Milch
Salz
abgeriebene Schale einer Zitrone
1 Päckchen Vanillezucker
1 Päckchen Backpulver

Die Butter im Wasserbad leicht erwärmen, mit dem Zucker, etwas Salz, der Zitronenschale, der Milch und den vier Eigelb schaumig schlagen. Langsam das Mehl und dann das steif geschlagene Eiweiß unterheben. Schließlich Backpulver und Vanillezucker unterrühren, in eine mit Butter eingefettete und mit Mehl bestäubte Form füllen und bei 150 Grad rund 40 Minuten backen, ohne den Ofen während der Backzeit zu öffnen.
(Quelle: Olio Extra Vergine di Oliva: Die Küche der Abruzzen. Die traditionellen Rezepte der Abruzzen, wie sie Tevia Nardi aus Pineto (Teramo) für ihre Familie kocht, Roma 2001, S. 67.)

HIER IST PLATZ FÜR EUER LIEBLINGSBILD

#LIEBLINGSMENSCHENUNTERWEGS

SICH WIE SOPHIA LOREN FÜHLEN

PROSCIUTTERIA IL DISPERATO

Burgstraße 11, 90403 Nürnberg
www.il-disperato.de
ÖPNV: Haltestelle Rathaus oder Lorenzkirche

… oder wie Adriano Celentano. Ach, ganz egal. Hauptsache: Du und ich! Wir beide. Tutto insieme! Prosciutto di Parma, Parmigiano e Vino rosso: Schon allein beim Lesen dieser italienischen Köstlichkeiten entsteht Sehnsucht nach Bella Italia. Wir stillen dieses Verlangen nach Dolce Vita beim gemeinsamen Besuch der Prosciutteria Il Disperato in der malerischen Sebalder Altstadt.

Der erste Eindruck ist grandios. Nicht nur das restaurierte Sandsteinhaus mit dem wunderschönen Nürnberger Chörlein aus Holz zieht den Blick magisch an. Es sind auch die urigen Weinfässer mit grob gehobelten Brettern darauf, die im Außenbereich als Tische fungieren. Kleine Laternen und zweckentfremdete »Mutti Pelati Mediterranei Nuova Qualità« Tomatenbüchsen, in denen nun Rosmarin blüht, laden ein, stehen zu bleiben. »Da sind wir richtig«, raunt uns unsere italienische Seele zu.

Beim Eintreten fühlt man sich tatsächlich in eine Weinbar südlich der Alpen versetzt. Rechts ist die Theke und darauf steht natürlich das wichtigste Accessoire der italienischen Romantik: die beliebte, bauchige Weinflasche, die leergetrunken als Kerzenständer dient. Diese hier scheint wegen ihrer zahlreichen Wachsspuren schon viele bezaubernde Abende miterlebt zu haben. Seufz! Hinter ihr hantiert »una bellezza« mit Gläsern. Die junge Dame könnte dem Trevibrunnen entstiegen sein oder zumindest einem Werbespot von Dolce & Gabbana, so anmutig italienisch sieht sie aus.

Crostata di mela
Apfelkuchen

Töpfegeklapper und der eigene Hunger lenken den Blick schließlich von ihr ab. Eine ebenso bezaubernde »signorina« schwingt auf der anderen Seite des Lokals mit »grandezza« das Tomatenmesser und lässt die Profischneidemaschine surren. Wir genießen den Anblick der Köstlichkeiten und lassen unser Auge vorkosten. Lecker! Das alles geschieht streng bewacht von einem freundlich blickenden Wildschweinkopf an der Wand.
Ein paar Stufen hinab und man ist im gemütlichen Gastraum. Eingerahmt von einer Eskorte aus italienischen Weinflaschen laden blank gescheuerte Holztische zum Hinsetzen und Schlemmen ein. Und kleine Fenster öffnen den Blick zu einem angrenzenden Innenhof des Nachbarn, der mit seinen Buchsbäumen den Hauch italienischer Renaissancegärten hineinwehen lässt. Da fällt es nun nicht mehr schwer, sich bei den delikat zubereiteten Antipasti und den vorzüglichen Weinen wie Monica Bellucci und Eros Ramazzotti zu fühlen.

Schließlich fällt der Blick auf die Wand. Oh! So viele Fotografien italienischer Sehnsuchtsorte! »Alle selbst geknipst!«, raunt die sympathische Besitzerin Agata Max beim Nachschenken ins Ohr, während man die Tagliere Prosciutto, Formaggio e Salame genießt. Ihr Herz gehöre nämlich außer Martin Diermeier, ihrem gutaussehenden Mann und Mitbesitzer, dem schönen Italien. Wer hätte das vermutet? Zwinker! Und, erzählt sie weiter, auf ihren gemeinsamen Reisen sei dann auch die Idee entstanden, »all das, was Italien ausmacht, nach Nürnberg zu bringen: die Lebensfreude. Das phantastische Essen. Die tollen Weine. Und la dolce vita.«

Wie gut für uns! Denn so haben wir mit Il Disperato einen wunderbaren Ort, an dem wir mit unserem Lieblingsmenschen romantische italienische Zeiten verbringen können. Perfetto!

ALLES,

WAS SIE HIER SEHEN,

VERDANKE ICH

DEN SPAGHETTI.

(SOPHIA LOREN,
ITALIENISCHE FILMSCHAUSPIELERIN)

IM KREUZGANG MUSSESTUNDEN VERBRINGEN

ZEITUNGS-CAFÉ HERMANN KESTEN

Wespennest 4, 90403 Nürnberg
In der Stadtbibliothek im Bildungscampus Nürnberg
www.nuernberg.de
ÖPNV: Haltestelle Lorenzkirche, Wöhrder Wiese oder Marientor

»Verrate mich nicht!«, raunt es einem zu. »Ich bin zu schön, um wahr zu sein!« Tatsächlich hat man das Gefühl, es will gar nicht gefunden werden. Denn tief versteckt in Nürnbergs Stadtbibliothek und ohne große Hinweisschilder schlummert es als verzauberter Geheimtipp: das Zeitungs-Café Hermann Kesten. Psst! Bloß nicht weitersagen.

Es ist ein perfekter Ort für romantische und köstliche Mußestunden. Himmlisch, um zu zweit fern der Hektik zu träumen und zu genießen. Zuallererst einmal muss jedoch die Drehtür der ultramodernen Stadtbibliothek durchkreiselt werden, müssen Stufen hinabgeschritten und Gänge gekreuzt werden. »Nur nicht aufgeben«, flüstern einem die Folianten der Bücherei zu. Und die ältesten unter ihnen müssen es wissen, waren sie doch einst Bestandteil der seit 1370 nachweisbaren Ratsbibliothek oder gehörten sie ehemals den mittelalterlichen Klöstern, die im Stadtgebiet ansässig waren und infolge der Reformation aufgelöst wurden. Sollten die Bücher gerade in einen Schlummerschlaf gefallen sein, so weist auch der nette Bibliothekar sehr gern den Weg. Wie sympathisch!

Und endlich, hinter all den gefüllten Buchregalen ist es dann zu finden: das Zeitungs-Café, das nach dem Schriftsteller und Nürnberger Ehrenbürger Hermann Kesten benannt ist. Wie passend für ein Café mitten umgeben von Literatur, denn Kesten förderte mit Begeisterung schriftstellerische Talente und war in der Nachkriegszeit Präsident der PEN, der internationalen Schriftstellervereinigung.

An Romantik ist das Fleckchen, das sich das Café ausgesucht hat, kaum zu überbieten. Denn es befindet sich im wunderschönen Kreuzgang des ehemaligen Frauenklosters St. Katharina, das selbst einst wegen seiner exquisiten mittelalterlichen Bibliothek gerühmt wurde.

Eingerichtet ist das Café von Ute Weißig dabei ganz im Stil eines kosmopolitischen Wiener Kaffeehauses des 19. Jahrhunderts, in dem Kaffeehausstuhl und Tageszeitung eine Einheit bildeten. Denn hier kann man heute noch wie einst in Wien auf Stühlen sitzen, über die Designerlegende Michael Thonet sehr erfreut gewesen wäre, und in brandaktuellen Zeitungen aus aller Welt schmökern. Für Frischluftfreunde bietet zusätzlich der ehemals klösterliche Innenhof mit dem pittoresken Kopfsteinpflaster und den blühenden Sträuchern einen paradiesischen Ruheort.

Um nun aber der Romantik noch ein köstliches Krönchen aufzusetzen, werden die angebotenen Kuchen täglich in der kleinen Küche vor Ort ganz frisch gebacken. Die Damen hinter dem Tresen agieren dabei im eingespielten Duett. Und die Kuchen sehen nicht nur zum Niederknien aus, sondern schmecken auch so. Der Käsekuchen mit Streusel ist deshalb oft schon am Vormittag ausverkauft.

Die fleißige Frau Marting, die schon seit 20 Jahren in den ehemaligen Klostermauern rührt, backt und brutzelt, verrät: »Wir sind ein tolles Team und wir arbeiten immer zu zweit. Wir kommen sehr früh und dann backen wir die Kuchen, die wir selbst so lieben. Auch die herzhaften Gerichte machen wir alle selbst und immer ganz frisch.«

Was für ein einmaliger und bezaubernder Ort, um zu zweit wunderbare Lese-Plauder-Genuss-Stunden zu verbringen. Zu schön, um wahr zu sein. Deshalb: »Psst! Bloß nicht weitererzählen!«

MIT DEM LIEBLINGSMENSCHEN

Seite an Seite Kultur erleben

COOLEN JAZZ MIT TANTE BETTY HÖREN

TANTE BETTY BAR

Schweppermannstraße 1, 90408 Nürnberg
www.tantebetty.de
ÖPNV: Haltestelle Friedrich-Ebert-Platz

… und dabei vielleicht Schmid's Huhn treffen! Verwandtenbesuche können manchmal etwas öde sein. Dieser besonderen Tante die Aufwartung zu machen, ist jedoch eine äußerst unterhaltsame Unternehmung. Zu Hause ist Tante Betty in der Schweppermannstraße 1.

Einer, der dem Tantchen ganz nah steht, ist der Musiker Matthias Rosenbauer: »Ich habe mit zwei alten Freunden eine gemütliche, kleine, jazzy Bar in Nürnbergs Norden eröffnet – natürlich mit Bühne und Liveacts. Unbedingt checken!« Folgt man der Einladung des sympathischen Franken, der an der Nürnberger Hochschule für Musik ein Jazz-Schlagzeugstudium abgeschlossen hat, so lernt man mit Tante Betty eine dufte Bar kennen. Eingerichtet im Stil der 1960er und 1970er Jahre mit lustigen Lampenschirmen und langem Bartresen hat diese besondere Kneipe sogar eine Bühne mit rotem Samtvorhang.

Am Wochenende kann man hier ganz entspannt bei normalem Barbetrieb seinen Riedenburger Doldensud genießen. Unter der Woche jedoch, da rappelt es gewaltig im Karton: 60 bis 70 feine Konzerte internationaler Künstler finden übers Jahr verteilt statt. Inhaltlich tönen, posaunen oder drummen die Musiker dabei in den Genres Jazz, Latin oder experimentelle Musik. Die musikalischen Sessions von Bands wie dem Kölner Quartett mit dem lustigen Namen Schmid's Huhn sind dabei so herausragend, dass dieser coole Club 2019 sogar mit dem Berliner Kulturpreis »Applaus« ausgezeichnet wurde. Bravo Tante Betty! Du bist absolut einen Besuch wert. Oder auch zwei oder drei …

DIE AUSSICHT AUF MAGISCHEN SEX GENIESSEN

GLÜHWÜRMCHENFÜHRUNG

Valznerweiher, 90480 Nürnberg
www.nuernberg-stadt.bund-naturschutz.de
ÖPNV: Haltestelle Valznerweiher

Eine wunderbare Abenddämmerung Ende Juni. Es ist warm und kein Lüftchen regt sich. Das ist der absolut perfekte Zeitpunkt für ein amouröses Abenteuer. Treffpunkt für diese außergewöhnliche Singlebörse ist der Valznerweiher. Diese besondere Unternehmung ist am allerschönsten zu zweit: ob mit der Mama, der Herzensfreundin oder dem Traumprinzen.

Konspirativ trifft man sich am Valznerweiher mit der Fachfrau Bettina Uteschil. Auf die Frage, wie sie zu dieser leidenschaftlichen Beschäftigung gekommen ist, antwortet sie lächelnd: »Ich bin selbst einmal bei einem Herrn mitgegangen und war sehr begeistert!« Ach, ist das aufregend. Nach einer Einführung mit vielen interessanten Informationen drückt sie wissbegierigen Teilnehmern Becherlupen in die Hand. Danach führt sie das Grüppchen in den Auwald hinein.

Es ist Romantik pur! Bei der »Glühwürmchenführung am Valznerweiher« des BUND Naturschutz beobachtet man gemeinsam diese besonderen Käfer, die nachts umherschwirren und als Pünktchen leuchten. Dank Frau Uteschil weiß man nun, dass das Enzym Luciferase für diese faszinierende Biolumineszenz sorgt. »Ah!« und »Oh!« hallt es durch den Wald, während Hunderte von Glühwürmchen wie kleine Laternen umherschweben. Denn Männchen und Weibchen erzeugen bei ihrem Liebesspiel ein magisches Licht. Nur durch ihr Leuchten finden sie zueinander – ohne Leuchten kein Sex. Was für ein zauberhaftes Naturschauspiel voller Magie!

BERÜHRENDE AUGENBLICKE TEILEN

GERMANISCHES NATIONALMUSEUM

Kartäusergasse 1, 90402 Nürnberg, Zugang barrierefrei
www.gnm.de
ÖPNV: Haltestelle Opernhaus, Hauptbahnhof oder Lorenzkirche

Kunst berührt! Ein Museum ist ein Hort der friedvollen Freude, ein Paradies mit wunderschönen Kunstwerken, die zum Bewundern, Staunen und Genießen einladen. Besonders unser heißgeliebtes Germanisches Nationalmuseum ist eine wahre Schatzkammer, denn es ist eines der bedeutendsten Museen für Kunst und Kultur aus dem deutschsprachigen Raum. Berühmte Werke wie den einzigartigen Globus von Martin Behaim, Albrecht Dürers Kaiserbilder oder Peter Henleins kostbare Uhr kannten unsere Senioren schon als Kinder.

Ein Ausflug ins Museum Arm in Arm mit dem demenzkranken Lieblingsmenschen kann deshalb heitere Kindheitserinnerungen bei ihm wecken. Auf jeden Fall ist die Begegnung zu zweit mit bezaubernden Dingen in einem ruhigen Ambiente ein wunderbares Erlebnis für alle Sinne – eine schöne Zeit.

Wenn Frau P. ihre Mama im Altersheim besucht, kann es schon passieren, dass sie mitten im Gespräch die Frage hört: »Wie geht es denn eigentlich Ihrer Mutter?« Sie wird dann immer ein bisschen traurig, denn aus ihr, der heißgeliebten Tochter, ist eine Fremde geworden. Dabei hüpft jedes Mal ihr Herz, wenn sie ihre Mutter sieht. Sie erinnert sich gern an all die wunderbaren Dinge, die sie mit ihr erlebt hat. An all die Freude und das Lachen. Und daran, dass ihre Mama eine unternehmungslustige Frau war. Ob Yogakurs, Konzertbesuch oder Malkurs mit Nacktmodell, Frau P. senior sprühte vor Lebensfreude und Begeisterung, hatte Freude an Sinn und Schönheit.

Eine gute Zeit und Glücksgefühle mag Frau P. ihrer demenzkranken Mutter auch in der Gegenwart schenken. Deswegen ist sie mit ihr ins Museum gekommen, um an dem Angebot »Hingeschaut und Mitgemacht. Mit Demenz Kultur erleben« teilzunehmen. An einer Veranstaltung, die sich an Menschen mit Demenz und deren Angehörige richtet, vom Kunst- und Kulturpädagogischen Zentrum der Museen in Nürnberg, kurz KPZ, veranstaltet wird und die es auf ähnliche Weise auch im Museum Industriekultur und in der Kunstvilla gibt.

Eine kleine Schar Gleichgesinnter hat sich in aufgeregter Vorfreude in der Eingangshalle des Germanischen Nationalmuseums eingefunden. Nach einer herzlichen Begrüßung beginnt es ganz entspannt und außerdem noch sehr köstlich. Denn bei Kaffee und Plätzchen lernt sich das kleine Grüppchen erst einmal kennen und stimmt sich auf ein Thema ein. Nach diesem Kaffeeklatsch geht es mit den Museumspädagoginnen in die Dauerausstellung. Gemeinsam wird ein Gemälde oder ein Kunstwerk betrachtet oder es wird ein Kulturgegenstand erforscht. Jeder darf dazu nach seinen Möglichkeiten etwas beitragen. Ob mit einem Blick ausgedrückt, gesummt oder mit einer Geste des Gefühls gezeigt. Ob mit nur einem Wort oder mit vielen, vielen Sätzen ausgesprochen. Jeder bringt sich nach seinen Möglichkeiten ein.

Die Stimmung wird immer gelöster. Und nach anfänglicher Scheu ist die Demenz gar kein Thema mehr. Die Unterhaltungen werden immer angeregter, aber auch das schweigsame Zuhören wird sehr genossen. Was für eine schöne Stimmung. Als Herr K. schließlich noch sein Lieblingslied zum Besten gibt, müssen alle lachen. Wie berührend Kunst doch sein kann! Aber Herrn K.s Stimme auch.

MIT SELBSTGEBAUTEM DIE STADT VERSCHÖNERN

Natürlich kann man mit einer Dauerkarte im Germanischen Nationalmuseum den schönen Dingen frönen. Wie wäre es aber mal, selbst Hand anzulegen und die eigene Straße zu dekorieren? Unter dem Titel »Selbstgemachte Stadt« schraubt und hämmert die gemeinnützige Organisation Urban Lab seit 2016 während des zweitägigen Brückenfestivals. Mitwerkeln ist ausdrücklich erwünscht. In einer offenen Werkstatt entstehen so Stadtmöbel, die man nach dem Zusammenbauen mitnehmen kann, um seinen eigenen Stadtteil zu verschönern.
Ob Insektenhotel, also ein einfacher Unterschlupf für Bienen und Insekten, oder hölzerne Stammtische, die man als praktische kleine Bartresen an Straßenschildern anbringen kann und die so zum Kaffeeklatsch oder Frühschoppen mit dem Nachbarn einladen: Zu zweit macht es riesig Spaß, schöne Objekte für den urbanen Raum zu gestalten.

➤➤ www.urbanlab-nuernberg.de/projekt/selbstgemachte-stadt

PERLEN DER FRÜHEN FILMKUNST BEWUNDERN

STUMMFILMMUSIKTAGE

Tafelhalle, Äußere Sulzbacher Straße 62, 90491 Nürnberg
Zugang barrierefrei
Filmhaus, Königstraße 93, 90402 Nürnberg, Zugang barrierefrei
www.stummfilmmusiktage.de
ÖPNV: Haltestelle Tafelhalle oder Hauptbahnhof

Stummfilm. Schon das Wort allein verbreitet Nostalgie. Sofort denkt man an groß geschminkte Kulleraugen, schöne Damen in Charleston-Kleidern und galante Liebhaber mit Pomadenhaar. Oder an die gruselige Erscheinung eines Herrn Nosferatu mit Segelohren und Glatze. Nicht, dass dieses Aussehen an sich furchterregend wäre, verehrte Herren, das kann im Gegenteil bezaubernd anmuten. Aber nicht in Kombination mit kariesbefallenen Vampirzähnen, bleichem Gesicht und diabolisch geschminkten Augen. Wenn dann auch noch eine gebückte Körperhaltung im Frack dazukommt und Klauenhände, so lange wie Weidenruten, die nach einem greifen möchten, ist die Symphonie des Grauens perfekt. Retten davor können dann nur noch die Arme des herzallerliebsten Menschen.

Deswegen ist es eine gute Idee, zu zweit die stummFILMMUSIK-tage zu besuchen, denn ein Anlehnen aneinander ist fast schon garantiert. Auf jeden Fall aber ein gemeinsames Amusement Schulter an Schulter. Und das ohne ein einziges Sterbenswörtchen, um bei dem todbringenden Vampir zu bleiben, dafür aber mit exzellenter Livemusik. In enger Kooperation mit der Tafelhalle und dem Filmhaus im KunstKulturQuartier werden jährlich wunderbare Klassiker dieses Genres gezeigt. Nicht in Ultra High Definition oder gar in 4K-Auflösung, vielmehr genauso wie einst. Erste Erfahrungen mit der Illusion von Bewegung machte man übrigens schon im 17. Jahrhundert

mit einer wahrhaften Zauberlaterne, der Laterna Magica. Mit Hilfe einer Lichtquelle wie zum Beispiel einer einfachen Bienenwachskerze und zusätzlich einem Hohlspiegel und einem Linsensystem konnten gereihte Bilder, die man auf Glas gemalt hatte, an die Wand geworfen werden. Mit der Entdeckung der Fotografie in der ersten Hälfte des 19. Jahrhunderts waren es dann nur noch ein paar Hüpfer zur Serienfotografie des Eadweard Muybridge. Der Fotopionier reihte im Jahr 1878 die Bilder eines galoppierenden Pferdes spektakulär aneinander. Die bewegte Darstellung einer Handlung, der sogenannte Stummfilm, war geboren.

Das Schöne: Der Stummfilm ist eine internationale Kunst und wird überall auf der Welt verstanden, denn er überwindet alle Sprachbarrieren. Und ist zudem ein inklusives Erlebnis, denn der Film ist auch zu verstehen, wenn man gar nichts hören kann, wenn man also gehörlos ist.

Weil aber im Film ohne Ton kein einziges Wörtchen gesprochen werden konnte, mussten die Schauspieler expressiv mit ihrem Körper Handlung und Gefühle ausdrücken. Mancher Mime machte das so exzellent, dass man ihn bewunderte oder gar anhimmelte: Die ersten Filmstars und -sternchen waren geboren. Sie hießen Charlie Chaplin oder Greta Garbo und noch nicht Leonardo DiCaprio oder Cate Blanchett.

Ach, wie faszinierend doch diese Welt der Bühnenbretter ist. Deswegen ist es auch so eine Freude und Bereicherung, bei den Vorführungen der jährlichen stummFILMMUSIKtage gemeinsam in diese Zeit voller Nostalgie und Romantik einzutauchen. Berühmte Filmperlen werden mit exquisiter Musik begleitet. Ob zum Beispiel mit Klaviermusik des Joachim Bärenz, in Begleitung des Michael-Riessler-Quartetts, mit Konzertmusik vom Ensemble KONTRASTE oder mit Jazzklängen des Pianisten Uwe Oberg. Immer geschieht dies auf höchstem Niveau.

DREI ALLES AUSSER GEWÖHNLICHE ORTE BEIM FILMHAUS

➼ Guerilla Gröstl
Die Foodtrucks von Roland und Helene Glöggler gehören zu den beliebtesten der Stadt. Wie schön, dass es nun seit 2020 auch das Foodhouse gibt, in dem man nach dem Besuch des Filmhauses oder nach einem Stadtbummel die leckeren Burger und die Spezialität des Hauses, das knusprige und so göttliche Kartoffelgröstl, genießen kann. Und das Allerbeste: Die köstliche, selbst gemachte Bacon-Jam gibt es im Glas auch für zu Hause. Für dich, für mich, für Oma, für Josie, für …
www.guerillagroestl.de

➼ Museum /22/20/18/ Kühnertsgasse
Kaum bekannt und doch so sehenswert. Das liebevoll restaurierte Ensemble aus drei spätmittelalterlichen Handwerkshäusern erzählt von der Welt der einfacheren Leute. Vorsicht, Kopf einziehen bei den Türstöcken!
www.altstadtfreunde-nuernberg.de

➼ HINZ x KUNZ
Hoch die Hände! Oder ab auf die Couch. Im Kneipenclub HINZ x KUNZ (sprich: hintsundkunts) ist beides möglich. Denn Wohlfühlen ist die Devise dieser Szenelocation. Willkommen im Club!
www.hinzxkunz.de

BEIM KAFFEEKLATSCH MODERNE KUNST ENTRÄTSELN

KUNSTHALLE NÜRNBERG

Lorenzer Straße 32, 90402 Nürnberg, Zugang barrierefrei
Veranstaltung speziell für Senioren
www.kunstkulturquartier.de
ÖPNV: Haltestelle Marientor oder Hauptbahnhof

Sahnekirschtorte und Schokokuchen sind die große Leidenschaft? Wissbegierige Neugier ist ein wesentliches Charaktermerkmal? Und die Titel »Senior« oder »Seniorin« werden stolz getragen? Prima! Dann wird diese kaum bekannte Unternehmung zusammen mit dem gleichgesinnten Lieblingsmenschen ein großartiges Vergnügen werden. Aufmerksame Beobachter hatten schon am Vormittag rege Betriebsamkeit in der Lorenzer Straße feststellen können. Denn die engagierte Sekretärin der Kunsthalle war nach kurzer Abwesenheit mit einem strahlenden Lächeln und einer riesigen Kartonage, aus der betörender Kuchenduft strömte, zurückgekehrt.

Heute ist es wieder so weit. Am Nachmittag wird sich eine kleine Gruppe wissbegieriger älterer Herrschaften in der Kunsthalle des KunstKulturQuartiers einfinden. Dr. Annette Scherer, die erfahrene Kunstvermittlerin für Senioren, geladene Gäste sowie vielleicht der Künstler selbst warten an diesen Tagen dann schon voller Freude.

Unter dem Titel »Nachgefragt: Was Sie schon immer über Kunst wissen wollten« wird keines der zeitgenössischen Werke ein unlösbares Rätsel bleiben.

Cosima von Bonins Taschentuchbild lädt an diesem Tag ein, kritisch hinterfragt zu werden. Noch kann keiner ahnen, wie amüsant es werden wird. Doch so viel sei schon an dieser Stelle verraten: Die lebhafte Diskussion um das Herrentaschentuch per se wird ungeahnte Wege einschlagen und auch beim köstlichen Kaffeeklatsch im Foyer noch lange nicht beendet sein. Bis das letzte Krümelchen Sahnekirschtorte vernascht wurde.

SICH VON WELTMUSIK BERÜHREN LASSEN

KULTURLADEN VILLA LEON

Schlachthofstraße/Philipp-Koerber-Weg 1, 90439 Nürnberg
Zugang barrierefrei
www.kuf-kultur.de/villa
ÖPNV: Haltestelle Rothenburger Straße

Was für ein akustischer Leckerbissen! Man nehme Musik aus allen Erdteilen und mische das alles mit einer gehörigen Portion Klezmer. Et voilà! Heraus kommt ein Konzertprogramm der kulturellen Vielfalt, das zu zweit wunderbar mundet. »Die Welt trifft sich in der Villa Leon« ist die Ankündigung, der man gern folgt. Der Kulturladen bietet ein buntes Programm interkultureller Begegnungen.

Das eine Mal wird das Herz verzaubert, wenn sich die Kora, die westafrikanische Steglaute, mit der Zarb, der iranischen Trommel, zu einem indischen Klangtrip voll Poesie trifft.

Das andere Mal hüpft der Bauch vor Lachen und die Hände klatschen begeistert im Rhythmus, weil sich das Allgäu, Ungarn und Amerika auf lustige Art ein Stelldichein geben. Denn bei der Band A Glezele Vayn, ein Gläschen Wein, kommen nicht nur Klarinette oder Kontrabass musikalisch zum Einsatz. Dazu gesellen sich auch so schräge Instrumente wie Luftballon oder Suppenlöffel.

Dann wieder unternimmt man eine Tour zwischen Chanson, Jazz, Flamenco und dem Klang des Orients. Oder lässt sich berühren von der herzerwärmenden Musik der Derwische.

Das Sahnehäubchen oben auf all dieser faszinierenden Weltmusik ist schließlich die jüdische Klezmer Musik, die alles harmonisch verbindet. Das ist Völkerverständigung durch Musik und klangvoller Hochgenuss für die Ohren! Und ein wundervolles Erlebnis zu zweit.

NÜRNBERG
KULTURLADEN

UNGEWÖHNLICHE BARDEN TREFFEN

SONG SLAM

Kulturwerkstatt auf AEG, Fürther Straße 244d, 90429 Nürnberg
Zugang barrierefrei
www.kuf-kultur.de/kulturwerkstatt
ÖPNV: Haltestelle Eberhardshof

Irritierend! Der Text klingt, als wäre das Tagebuch zerfetzt, in die Luft geworfen und dann wieder wie zufällig zusammengesetzt worden. Die vortragende Stimme jedoch berührt das Herz sofort.

Alles ist an diesem Abend möglich: Verwirrung und Dahinschmelzen. Vielleicht stehen einem die Haare zu Berge, man kringelt sich vor Lachen oder ist schlichtweg begeistert. Als Zuhörer muss man beim Song Slam auf AEG starke Nerven haben. Denn bei diesem Wettbewerb unter Sängern vor Publikum darf jeder sein Glück versuchen und mit oder ohne Talent singen und musizieren.

Während man zu zweit entspannt zurückgelehnt lauscht, präsentieren sich der Solist oder das Duett mit selbst geschriebenen Liedern, viel Engagement und vielleicht begleitet von Instrumenten. Die Regeln orientieren sich an denen des Poetry Slam, diesem ursprünglich kleinen, literarischen Undergroundevent. Auch beim Song Slam entscheidet das Publikum, ob der musikalische Vortrag in einer genau bemessenen Zeit ein herzberührender Hit ist oder mit ausdauernden Buhrufen belohnt werden muss.

Als nun das sympathische Gesangsduo die Bühne betritt, vibriert der Raum vor Energie. Denn die Vorfreude auf ungewöhnliche Barden ist groß.

Dann scheint die Zeit für einen Moment stillzustehen ... bis das aus tiefster Seele vorgetragene Lied erklingt. Wird es nun lustig werden oder beginnt hier gleich ein Kulturschock? Oder wird die Stimme, erst anmutig-zart und dann durchdringend kraftvoll, mitten ins Herz treffen und die Sinne berauschen? Oder ist man sogar dabei, wenn ein zweiter Jimi Hendrix geboren wird, indem auf neue, experimentelle Weise eine Gitarre gespielt wird? Wer weiß? Eines jedoch ist gewiss: All diese gemeinsam erlebten Hörabenteuer, mal besonders, manchmal auch künstlerisch, auf jeden Fall aber immer »anders«, werden ewig unvergesslich bleiben.

POETISCHER VORTRAGS-KUNST IM HAIN LAUSCHEN

PEGNESISCHER BLUMENORDEN

Lachfelderstraße, 90427 Nürnberg
www.blumenorden.de
ÖPNV: Haltestelle Kraftshof
rund 13 Minuten Fußweg zum Portal des Irrhains

Einem Dichterwettstreit in einem romantisch naturnahen Garten beizuwohnen wie in der Barockzeit: Das kann man nur in Nürnberg. Und ist deshalb etwas ganz Einmaliges.

All die gefühlsbetonten Romantiker, all diejenigen, die für einen poetischen Moment ohnegleichen sich aufmachen möchten in Richtung Arkadien wie einst Vergil in seiner bukolischen Dichtung, all diejenigen mögen sich hier angesprochen fühlen. Denn bei dem jährlich verliehenen Literaturpreis »Der goldene Blumentopf« des Pegnesischen Blumenordens schwelgt man in der Stimmung eines Jane-Austen-Romans, man genießt pastorale Schäferstündchen in idyllischer Natur.

Es beginnt wie eine Reise in andere Zeiten. Der Versammlungsort des Pegnesischen Blumenordens liegt weitab des städtischen Treibens am Rande des grünenden Kraftshofer Forstes. Gegründet wurde diese poetische Gesellschaft von Georg Philipp Harsdörffer und seinen Dichterfreunden im Jahr 1644. Anlässlich einer Doppelhochzeit zweier Patriziertöchter sollen – so sagt man – Hochzeitsgedichte bestellt worden sein. Dem besseren Poeten winkte ein Blumenkranz als Siegesprämie. Wie es sich jedoch für wahre Gentlemen geziemte, ließ jeder dem anderen den Vortritt und begnügte sich mit nur einem Blümelein aus dem Kranz. Der Pegnesische Blumenorden war geboren, so die Legende.

Ursprünglich trafen sich die Dichter im Poetenwäldchen bei der Weidenmühle, mussten aber schon bald nach einem neuen naturnahen Ort Ausschau halten und stießen dank dem Kraftshofer Pfarrer

IRRHAIN
1676
1644
1894

auf diesen besonderen Eichenhain mitten im Forst.
Heute findet man diesen verwunschen wirkenden Garten umgeben von Feldern voller Beifuß für die Weihnachtsgans und Lauchzwiebeln für den Schweinebraten. Und ein hübsches Steinportal mit Halbsäulen und der Aufschrift: »Irrhain« lädt schon von Ferne zum Betreten ein. Es ist wie eine Tür in eine vergangene romantische Welt. Eine verwilderte Allee aus Eichenbäumen und Sträuchern darf erst einmal durchschritten werden. An der ersten Biegung trifft man dann auf einen kleinen Rundbogen mit dem Rat »Irret nicht«.

Ehemals ein sehr sinnvoller Vorschlag, war doch dieses Wäldchen als Irrgarten angelegt worden, deshalb auch die Bezeichnung »Irrhain«. Im sogenannten Schlangengang konnte man sich im 17. und 18. Jahrhundert den Irrungen und Wirrungen seiner verschlungenen Wege hingeben. Wie entzückend! Ein Verlaufen ist jedoch seit dem 19. Jahrhundert durch Vereinfachungen des Zickzackweges nicht mehr möglich.
Was aber der Romantik überhaupt nicht schadet. Denn da sind sie schon, die Dichterinnen und Poeten, die umgeben von pittoresken Gedenksteinen darauf warten, mit ihrer Vortragskunst einen Blumentopf gewinnen zu können. Man lauscht und applaudiert. Und hat immer wieder die Möglichkeit, zwischen all den bezaubernden Steinmonumenten zu flanieren. Da steht das kleine Denkmal von Herrn Harsdörffer, geschmückt mit einem eingemeißelten Blumenkranz und einer hübschen Steinvase obendrauf. Und dort, etwas abseits, ist ein vermooster, schiefer Stein mit verwitterter Inschrift kaum mehr zu entziffern und deshalb eine so gute Gelegenheit, beim gemeinsamen Leseversuch sich ganz nah zu kommen. Was für ein zauberhafter Moment voller Poesie und innigem Gefühl!

DREI ALLES AUSSER GEWÖHNLICHE STADTFÜHRUNGEN

Nach der Dichtkunst ist wieder Stadtluftschnuppern angesagt? Perfekt!

➤➤ Für kleine Entdecker
Märchenhaft. Ob als Geburtstagsfeier oder einfach nur so: Unter dem Motto »Das Aschenpuzzle« erkunden kleine Abenteurer die Sebalder Altstadt und lösen so manches mittelalterliche Rätsel. Was wohl Trippen sind? Und wie wird eine Haube gebunden? Sogar ein Wunschring kreuzt den Weg.

➤➤ Für Erlebnishungrige
Vergnüglich. Als wäre man im Mittelalter gelandet. Gemeinsam mit dem geschwätzigen Nürnberger Waschweib schlendert man durch malerische Gassen zu den Sehenswürdigkeiten der Stadt. Amüsante, peinliche oder gar skandalöse Geschichten aus längst vergangenen Tagen verrät es dabei liebend gerne.

➤➤ Für die Adventszeit
Besinnlich. Weihnachtlich geschmückte Gassen laden ein, bei Lebkuchenduft und Pferdegetrappel die Stadt zu erkunden und den romantischen Erzählungen über alte Gebräuche zu lauschen.

➤➤ www.stadtpomeranze.de

MIT ROCK IN DER KIRCHE WEIHNACHTEN EINLÄUTEN

GOHO HOHO ADVENTSMARKT

Glockendonstraße 15, 90429 Nürnberg, Zugang barrierefrei
www.dreieinigkeit.de
ÖPNV: Haltestelle Bärenschanze oder Gostenhof

Lust auf ein wirklich einmaliges Erlebnis in der Vorweihnachtszeit mit besonderen kulturellen, köstlichen und sportlichen Freuden? Dann ist der wenig bekannte Gostenhofer Adventsmarkt GoHo HoHo, der vor der neugotischen Dreieinigkeitskirche stattfindet, genau das Richtige.

Die sympathische Kirche, die sogar eine eigene Facebook-Seite besitzt, bildet mit den schönen Linden- und Ahornbäumen davor nicht nur eine wunderbare Kulisse. Vielmehr ist sie Organisator dieses ausgefallenen Weihnachtsmarktes. Und so kann es durchaus passieren, dass man beim zweisamen Spaziergang über den Markt von Pfarrer Peter Bielmeier herzlich zum Kirchenbesuch eingeladen wird, indem er laut tönend mit Megafon verkündet: »Hereinspaziert zur Bardenaktion im 3E!« Das Schöne: Das Mitbringen von Mandarinenglühwein oder Glühbier vom Schanzenbräu ist ausdrücklich erlaubt!

Was für ein Kulturevent: Neben andächtigen fränkischen Weihnachtsgeschichten wird auch sozialkritisch die Nikolausrute geschwungen. Oder der Kircheninnenraum von kultigen Bands wie Wassd scho? Bassd scho! gerockt. Da kann es dann durchaus passieren, dass der beliebte Musiker Roman Sörgel, alias Bembers, als kitschiger Rauschgoldengel musiziert. Ein weihnachtliches Bardentreffen im Gotteshaus sozusagen.

Danach schmecken Drei im Weckla tatsächlich auch dreimal so gut. Ein perfekter Abschluss dieser ausgefallenen Adventsfreuden ist schließlich ein lustiges Eisstockschießen vor der Kirche.
All das ist sehr besonders und deshalb umso besinnlicher. HoHo!

IM STADTPALAIS DEM WEIHNACHTSZAUBER ERLIEGEN

FEMBO-HAUS

Burgstraße 15, 90403 Nürnberg, Zugang barrierefrei
museen.nuernberg.de/fembohaus/
ÖPNV: Haltestelle Burgstraße, Rathenauplatz oder Lorenzkirche

Meisterstück sucht Liebhaber! Fast könnte man meinen, bei diesem Tipp handle es sich um den Besuch einer Dating- oder Partnerbörse. Dabei wird es nun eher besinnlich als sinnlich, denn ein romantischer und besonderer Weihnachtsmarkt lädt herzlich ein, ihn zu erkunden.

Alle Jahre wieder! Zur Weihnachtszeit – und das nun schon seit 1978 – sind plötzlich die Künstlerateliers in Nürnberg und Umgebung wie leergefegt und haben ein »closed«-Schildchen an ihren Werkstatttüren hängen. Denn dann haben sich Buchbinder, Goldschmiede, Bildhauer, Rauschgoldengelhersteller und viele andere Meister versammelt, um auf dem Weihnachtsmarkt für feines Kunsthandwerk ihre von Hand geschaffenen Werke anzubieten. Das Fembo-Haus mit seiner einzigartigen Museumsatmosphäre stellt nämlich im Advent für wenige Tage seine schönen historischen Räume zur Verfügung und lädt ein zu Kunst & Handwerk, zum Rencontre, zum Zusammentreffen von altehrwürdiger, exklusiver Wohnkultur und anspruchsvollem handwerklichem Können. Schon der Weg zu diesem weihnachtlichen Event im historischen Kleinod macht Freude. Auf halber Strecke zwischen Hauptmarkt und der schönen Kaiserburg gelegen, tritt das prachtvolle Fembo-Haus mit der verzierten Giebelfassade selbstbewusst aus der Häuserreihe heraus. Kein Wunder, ist es ja auch in Nürnberg das einzige erhaltene Kaufmannshaus aus der Spätrenaissance.

Zum Leben erwacht dieses Stadtpalais, wenn in der Weihnachtszeit die hölzernen Buden des Christkindlesmarktes die Altstadt bevölkern.

Fast wirkt es dann, als würde es mit seinen funkelnden Kronleuchtern feierlich auf das quirlige Treiben zwischen Rathaus und Sebalduskirche herabblicken.

Ist man durch die Drehtür hineingeschwungen, fühlt man sich gleich herzlich willkommen, denn die Damen an der Museumskasse, die guten Seelen des Hauses, begrüßen einen freundlich im schönsten Nürnberger Dialekt. Überhaupt hat das ganze Haus eine besonders bezaubernde Ausstrahlung. Beim Flanieren durch die alten Räume mit den schönen Wandvertäfelungen knarzen die Dielen und hüpft das Herz. Denn zwischen all den musealen Ausstellungsstücken, den Lotterbettchen aus der Spätrenaissance oder den Stühlen der Biedermeierzeit haben die Kunsthandwerker Stellung bezogen. Man kommt aus dem Staunen und Gucken gar nicht mehr heraus. Da gibt es faszinierende Papierskulpturen, die sich in warm leuchtende Lichtobjekte verwandeln. Daneben stehen ausgebrannte Schalen aus dem Holz des fränkischen Zwetschgenbaums oder dünnes Blattgold, das auf Fundstücke trifft und diese verzaubert.

Die Hektik und der Weihnachtsstress sind hier schnell vergessen. Die Zeit scheint für einen kleinen, unendlichen Moment stehen geblieben zu sein bei all der Ruhe, die hier herrscht. Man schlendert genüsslich durch die Stockwerke, lässt den Boden unter den Füßen knarzen, bleibt bei diesem oder jenem Stand stehen und genießt. Ab und zu schallt Lachen durch das schöne Stadtpalais oder eine angeregte Plauderei lädt zum interessierten Zuhören ein. Denn die Künstler freuen sich sehr, wenn sie amüsante Anekdoten über die Herstellung weitererzählen dürfen. Und vor allem, wenn ihr Meisterstück einen Liebhaber gefunden hat, der es freudig nach Hause trägt!

DREI ALLES AUSSER GEWÖHNLICHE LÄDEN IM KÜNSTLERVIERTEL

Noch mehr Lust auf besondere Einkaufserlebnisse? Dann ist das Szeneviertel Gostenhof genau das Richtige.

➤➤ Zero Hero
In diesem coolen Geschäft gibt es unverpackte Lebensmittel und Waren des täglichen Bedarfs. Trockene Waren wie Haferflocken kommen aus Spendern und Flüssigkeiten wie Duschgel werden gezapft. Heldenhaft! www.zerohero-nuernberg.de

➤➤ Fachmarie
Nennt sich selbst »Die Glücksboutique«. Und das ist dieser besondere Laden wirklich. Denn hier gibt es unglaublich viele ausgefallene und wunderschöne Dinge, die einfach happy machen. »Daumen hoch!«, meint auch Tina. www.fachmarie.de

➤➤ Vintys
Ein Paradies für alle Liebhaber von Secondhand. Und das Allerbeste: Mit den Verkaufserlösen werden weltweit Entwicklungsprojekte unterstützt. Am Freitag ist das Shoppen besonders schön, denn dann gibt es selbst gemachten Biokuchen in der Retro-Café-Ecke. www.vintys.de

DIE NETTEN HEMPELS AUF DEM SOFA BESUCHEN

AUF.NACHBARS.SOFA

Langwasser, Nürnberg
www.nuernberg.de/internet/kuf_kultur
ÖPNV: Haltestelle Langwasser Mitte

Das ist wirklich einmalig und sehr lustig: Überraschungsbesuche beim unbekannten Nachbarn machen.

Freundliche Nürnberger in Langwasser öffnen an festen Terminen ihre Haustüren und Herzen und heißen Fremde beim Event »Auf. Nachbars.Sofa.« willkommen. Diese Veranstaltung des Gemeinschaftshauses Langwasser ist kaum bekannt und dabei so eine vergnügliche Unternehmung zu zweit!

In einem Wohnzimmer wartet schon ein kleines Grüppchen. Die Atmosphäre ist entspannt und voller Vorfreude und auf dem Plüschsofa sind gerade noch zwei Plätze frei. Beim nächsten Nachbarn geht es nicht aufs Sofa, sondern sofort ins Badezimmer und ein anderes Mal direkt in den Rumpelkeller neben das Weinregal. Wo dieser besondere Empfang stattfindet, entscheidet nämlich der Hausherr oder die Hausdame. Hauptsache, es ist genügend Platz für kleine Darbietungen.

Verschiedenste Vorführungen bereichern den netten Besuch bei Herrn und Frau Hempel. Ob schöne Hausmusik, Kunsthappening, entspannte Lesung, tolle Zaubershow oder komödiantisches Theaterstück: Alles ist möglich. Hauptsache, man kommt sich nachbarschaftlich näher. Sogar das Nürnberger Staatstheater greift diesem außergewöhnlichen Sofaprojekt unter die Arme und übernimmt einige Aufführungen in der Wohnung. Profimusiker in der Badewanne? Wer weiß?

Kleidervorschriften gibt es keine. Ob man jedoch im Hausmantel oder mit Lockenwickler zu Besuch kommen sollte? Wohl besser nicht.

KÄSE-IGEL, DAS PERFEKTE MITBRINGSEL BEI NACHBARSCHAFTSBESUCHEN

Der Käse-Igel, dieses einfache und doch so brillante Rezept aus den 1970er Jahren für den Nachbarschaftsbesuch, die kleine Party oder die kuschelige Runde zu zweit auf dem Sofa.

Zutaten:
1 flacher Teller
1 Honigmelone
etwa 200 g Rahm-Camembert
etwa 200 g Emmentaler
Weintrauben, rot und weiß
Himbeeren, Kiwi-Beeren, Physalis
Holzspießchen

Die Honigmelone halbieren und mit der Schnittfläche auf den flachen Teller legen. Den Käse würfeln beziehungsweise in mundgerechte Stücke schneiden. Nun die Käsestücke abwechselnd mit den Früchten auf die Holzspießchen aufreihen. Diese Käse-Früchte-Spieße rundherum auf die halbierte Honigmelone stecken. Fertig ist der 1970er-Jahre-Käse-Igel. Guten Appetit!

NOTIZEN

LIEBLINGSMENSCHEN UNTERWEGS

DEN EINMALIGEN MOMENT MIT TEE ZELEBRIEREN

EVAS TEEPLANTAGE

Innere Laufer Gasse 24, 90403 Nürnberg
www.evas-teeplantage.de
ÖPNV: Haltestelle Innerer Laufer Platz oder Rathenauplatz

Wenn man mit Tee ausschließlich den in heißes Wasser eingetauchten Beutel verbindet, dann wird es höchste Zeit für diese genussreiche Unternehmung. Am besten zu zweit!

All das, was man über Tee wissen möchte, erfährt man im Teeseminar von Evas Teeplantage. Ob Matcha, Teetrends oder Wissenswertes über den Anbau, im Kurs des kleinen Ladens, der über 450 Sorten führt, erliegt man dem Zauber dieses uralten Getränks.

Tee »hat weder die Arroganz des Weines, noch das Selbstbewusstsein des Kaffees, noch die affektierte Unschuld des Kakaos«, schrieb 1906 Okakura Kakuzō in seinem Werk »A Book of Tea«.

Tee ist – so die chinesischen Dichter – der »Schaum flüssiger Jade«. Er vertreibt die Müdigkeit, erhellt die Stimmung und ist ein Trost zu Mitternacht. Kein Wunder, dass Kaiser Huizong (1082–1135) seinen ganzen Reichtum für seltene Teepflanzen ausgegeben haben soll. Tee ist ein Kunstwerk und braucht die Hand des Meisters. Ein wahrer Tee-Experte ist Alexander Poetsch. Es ist eine Freude, durch ihn die Unterschiede zwischen weißem, schwarzem und grünem Tee kennenzulernen und dabei frisch aufgebrühte Sorten genüsslich zu probieren.

Man lauscht vergnügt seinen Ausführungen über die japanische Teezeremonie oder die besonderen Beziehungen des Tees zu Wasser und Hitze, während sich in der Tasse das Teeblatt wie Nebel, der sich aus der Bergschlucht erhebt, entfaltet. Was für eine wunderbare Begegnung mit dem Lieblingsmenschen über dampfende Teeschalen hinweg.

»… super kurzweilig und interessant!« findet Mel.

EINEM KURKONZERT IM GRÜNEN LAUSCHEN

MUGGENHOFER KURKONZERT

Heinickeplatz, 90429 Nürnberg, Zugang barrierefrei
www.nuernberg.de
ÖPNV: Haltestelle Maximilianstraße

Für einen Kurschatten muss man nicht in die gesunden Berge fahren. Im kleinen Nürnberger Park Heinickeplatz, an der Ecke Muggenhofer Straße und Johann-Sebastian-Bach-Straße, ist das nämlich genauso gut möglich. In dieser Minigrünanlage mit Wiese, Spielplatz und Bäumen, in der sonst bolzwillige Buben den Ball hin- und herschussern oder junge Väter Kinderwägen schieben, findet einmal im Jahr am Samstagnachmittag das Muggenhofer Kurkonzert statt.

Noch nie davon gehört? Dann wird es aber Zeit, denn dieses Open-Air-Konzert ist ein Geheimtipp, ein von den Massen noch unentdecktes Juwel, ein Bonbon für entspannte Genießer kleiner, feiner musikalischer Freuden. Ob man es wohl als klitzekleine Schwester des mittlerweile in ganz Europa bekannten Klassik Open Air-Festivals bezeichnen darf, das im Luitpoldhain um die 160.000 Zuhörer anlockt?

Mit keinesfalls mehr als 160 Besuchern ist das Muggenhofer Kurkonzert eher lauschig. Eine kleine Bühne gibt es trotzdem und die Musiker sind wahrlich nicht von schlechten Eltern. Wie beim Klassik Open Air ist auch bei diesem Konzert der Eintritt frei und die Picknickdecke willkommen. Und traditionell kann man diese Musikveranstaltung mittlerweile ebenso bezeichnen, gibt es die kleinen Konzertdarbietungen doch schon seit 2009. Der Größe des zierlichen Parks am Heinickeplatz angemessen, spielen hier jedoch nur kleinere Ensembles auf wie Trios oder Quartette. Mit Programmen, die begeistern. So zeigte in einem Jahr das Feuerbachquartett, dass Streichmusik

auch ganz modern definiert werden kann. Ed Sheeran-Klänge wurden romantisch mit der Violine angestimmt und das Cello mit Rammstein-Attitude gespielt. Ursprünglich aus vier verschiedenen Ländern kommend, lernten sich diese vier Künstler beim Studium an der Hochschule für Musik in Nürnberg kennen. Und sind seit 2013 als feuriges Ensemble zusammen.

Im anderen Jahr kamen mit Tres con Pasión drei leidenschaftliche Damen mit überschäumendem Temperament ins Spiel. Und mit ihnen Saiteninstrumente wie die faszinierende Harfe. Die passionierten Musikerinnen ließen beim Kurkonzert unter tosendem Applaus die Violine jubeln und das Cello pfeifen. Ebenso war auch das wunderbare Elisen Quartett mit Streichinstrumenten wie dem Violoncello und ihrem breitgefächerten Repertoire schon mit am Start. Der Oma vielleicht vom Fränkischen Sommer bekannt oder dem Bruderherz von Villa Concordia, dem internationalen Künstlerhaus in Bamberg. Regelmäßig arbeiten diese fidelen Damen mit anderen Künstlern zusammen wie der Thilo Wolf Big Band, die man vom Nürnberger Opernball kennt.

Alles in allem also Musiker, die feste Größen in der Konzertlandschaft Nürnbergs sind. Perfekt für eine schöne Zeit zu zweit. Denn die Stimmung ist heiter und entspannt. Der Alltag schnell vergessen. Gemeinsam genießt man auf der mitgebrachten Decke die kleinen Leckereien aus dem Picknickkorb, während musikalische Köstlichkeiten mit gekonnter Präzision und hingebungsvoller Leidenschaft vorgetragen werden. Die Zehen wippen und tänzeln zur Musik, während die lauschigen Bäume drum herum bei schönstem Sonnenschein den herrlichsten Kurschatten versprechen. Was für eine gelungene musikalische Verführung!

DAS KURKONZERT LECKER UND ROMANTISCH AUSKLINGEN LASSEN

Nach diesen musikalischen Hochflügen kann man sich an einem lauen Sommerabend genüsslich im schönen Garten des Sanders Steakhaus in der Haydnstraße 15 stärken. Nicht nur leckere Steaks aus Argentinien, sondern auch köstliche Riesengarnelen und große Salatschüsseln machen satt. Und da sich das Restaurant mit seinem schönen Garten direkt am Platnersberg befindet, hat man von hier zwar keinen Blick mehr auf versierte Musiker, dafür aber einen wunderbaren Beobachtungsposten auf romantische Fledermausausflüge.

→ www.sanders.de

MIT DER BRENNNESSEL DIE POTENZ ANFEUERN

HEILKRÄUTERGARTENFEST

Neutormauer 3, 90403 Nürnberg
www.nuernberg-stadt.bund-naturschutz.de
ÖPNV: Haltestelle Hallertor

Der kleine Heilkräutergarten am Hallertor ist ein ganz besonderer Ort. Mitten in der Stadt kann man hier den fleißigen Bienchen bei ihrer Arbeit zugucken und die Nasen tief in die duftenden Gewächse stecken. Über 100 Arten blühen und gedeihen in diesem nur 140 Quadratmeter kleinen Garten auf der Stadtmauer. Ganz nach dem Vorbild mittelalterlicher Burg- oder Klostergärten entdeckt man hier die heilsamsten Kräuter mit wunderbaren Namen wie Echtes Herzgespann oder Tausendgüldenkraut.

Als Highlight findet jedes Jahr im Sommer inmitten der duftenden Pflänzchen das interkulturelle Heilkräuterfest des BUND Naturschutz statt. Dies ist eine wunderbare Gelegenheit, um gemeinsam mit dem Herzensmenschen in das spannende Wissen der verschiedensten Kulturen einzutauchen. Köstliche Kräutertees aus dem Orient, traditionelle Rezepte der russischen Volksmedizin oder fränkisches Kräuterzahnpulver: Es gibt viel zu entdecken.

Kleine Plaudereien mit kundigen Kräuterfrauen, amüsante Führungen mit botanisch versierten Herren und krautige Workshops zu Gesundheit und Wellness machen dieses grüne Gartenfest in der Stadt zum perfekten Vergnügen. Denn als echtes Herzgespann weiß man danach, dass eine Wildkräutersuppe gegen die Gicht helfen kann und ein Sitzbad etwas sehr Feines ist. Und dass das Brennnesselblatt die Potenz und die Liebe anfeuert, die Wurzel hingegen ein stärkendes Haarwuchsmittel ist.

GESCHICHTEN ÜBER LIEBE UND LEIDENSCHAFT HÖREN

DEM RIDSCHI SEINE SIGGI

Treffpunkt und Termine:
www.demRIDSCHIseineSIGGI.de, nach Vorabsprache barrierefrei

Das kleine Grüppchen scheint einem echten Rembrandtgemälde entstiegen zu sein. Ihre Gesichter werden nur durch die Kerzenflamme in ihrer Mitte beleuchtet, denn der kleine Innenhof, in dem sie sich eingefunden haben, liegt im Schatten. Eng stehen sie im Kreis und lauschen gespannt der wahren Geschichte aus der Zeit Albrecht Dürers. Dass diese kein gutes Ende finden wird, war schon von Anfang an zu vermuten. Denn wer wird schon gern vom vornehmen Millionär zum kriminellen Tellerwäscher?

Ein Seufzen entweicht dem kleinen Zirkel am Ende der Erzählung und ein interessiertes »Ah«, als sie erfahren, dass dieser nicht ganz astreine Saubermann sich einst ein sehr kostbares Gemälde hatte malen lassen. Wie aufregend doch Nürnbergs Geschichte und Geschichten sein können.

Getroffen hatte sich die Gruppe, um Nürnberg auf romantische Art zu entdecken. Bei einer Stadtführung im Kerzenlicht, mit Geschichten über Liebe und Leidenschaft, aber auch mit praktischen Liebestipps aus längst vergangenen Zeiten geht es durch die malerische Sebalder Altstadt. Zu Füßen der Kaiserburg legt die Schar eine kleine Pause ein und vernascht ein Aphrodisiakum, verfeinert mit den im Mittelalter so kostbaren Gewürzen. Danach ist man gestärkt für den erotischen Skandal, den Kaiser Friedrich III. im Jahr 1497 erlebte.

Das Highlight des Tages jedoch ist der fast spontane Heiratsantrag von dem aufgeregten Herrn W. am Brautportal. »Will you marry me? Fei wärgli!« hatte er dafür extra auf ein Liebesschloss gravieren lassen. Alle sind gerührt!

"will you marry me ?"

EIN NOSTALGISCHES PUPPENTHEATER BESUCHEN

MARIONETTENTHEATER NÜRNBERG

Apollotempel, Cramer-Klett-Park, 90489 Nürnberg
www.nuernberger-marionettentheater.de
ÖPNV: Haltestelle Rathenauplatz oder Harmoniestraße

Lust auf eine Unternehmung voller Nostalgie? Dann ist dieses Spektakulum aus der Zeit der Jahrmärkte und Wanderbühnen genau das Richtige. Als Reisebegleiterin für diese kleine Zeitreise in Großmamas Kindheit ist natürlich die Oma selbst vortrefflich geeignet. Sie wird begeistert sein, denn bei dieser Aktion tanzen die Puppen wie die Lumpen am Stecken. Wo? Im Apollotempel des Cramer-Klett-Parks. Dort wird am Faden gehüpft und gesprungen, was die Schnur hält, denn engagierte Laienspieler hauchen im historischen Nürnberger Marionettentheater den Puppen Leben ein.

Mitten in der Grünanlage beim Rathenauplatz, umgeben von großen, majestätischen Bäumen, steht das bezaubernde Gebäude. Ein Tempel aus dem 19. Jahrhundert, geweiht Apollo, dem Gott der schönen Künste. Ein Rundbau mit Kuppel und Vorbau, der 1823 erbaut und dessen Dach über 100 Jahre später mit einem goldenen, weiblichen Figürchen bekrönt wurde. Der heute denkmalgeschützte Pavillon war Teil des repräsentativen Anwesens der Industriellenfamilie Cramer-Klett. Im April 2000 erlitt der klassizistische Innenraum durch einen Brand großen Schaden. Glücklicherweise konnte er durch großzügige Spenden wieder originalgetreu restauriert werden.

»Wir kennen keine Marionettenbühne, die eine so schöne Örtlichkeit hat«, erzählen die Geschwister Sylvia, Sigrid und Peter Triebfürst stolz. Und sie müssen es wissen, sind sie doch die Enkel des Mannes, der dieses kleine Theater ins Leben gerufen hat.

Angefangen hatte alles im Jahr 1947, als der liebevolle Familienvater Kurt Tomaschek seinen Kindern in der harten Nachkriegszeit eine Freude machen wollte und in der Not aus Tischbeinen die ersten Figuren schnitzte. Aus den kleinen Marionettenvorführungen zu Hause wurden schnell öffentliche Theatervorstellungen im Stil der Augsburger Puppenkiste. Schließlich, im Jahr 1963, bekam dieses besondere Tischbein-Marionetten-Theater im Apollotempel seine feste Bühne.

Man merkt es den Triebfürsts an: Die Leidenschaft haben sie von ihrem Opa geerbt, denn zusammen mit vielen weiteren geschickten und ehrenamtlich tätigen Akteuren bespielen sie dieses handgemachte Theater mit Einfühlung und Herzensfreude. Jahrzehntelange Übung hilft den Spielern dabei, mit Spielkreuz und Handfäden auch die zarteste Emotion auszudrücken. Denn Erfahrung ist schon notwendig, um synchron zu den Stimmen auf Tonband die einzelnen Glieder der Puppen durch Schnüre und Brettchen zu heben, zu drehen oder zu senken. Eine feine Kunst, da die Marionette erst durch eine charakteristische Bewegung ihre ganz eigene Persönlichkeit erhält. Über 250 Püppchen sind es, die zum Leben erweckt werden können. Liebevoll gestaltete Märchenfiguren wie der gestiefelte Kater erfreuen die Kinderherzen.

Eine gelungene Inszenierung speziell für Erwachsene jedoch ist die des »Dr. Faust« nach Puppenspieltexten der Wanderbühnen aus dem 18. und 19. Jahrhundert. Uraufgeführt im Jahr 1983 und mit Musik von Arthur Honegger unterlegt, erlebt in diesem besonderen Stück in fünf Akten der wissenshungrige und ernste Dr. Faust mit dem bauernschlauen Hanswurst höllische Abenteuer. Und das alles sozusagen am seidenen Faden. Was für eine aufregende, nostalgische Reise mit Großmama!

MITTELALTERLICHES STREETFOOD GENIESSEN

Drei im Weckla zwischendurch gehen immer. Besonders köstlich sind sie vom Bratwursthäusle bei St. Sebald. Denn auf Buchenholz gegrillt ist diese sieben bis neun Zentimeter kleine Nürnberger Spezialität einfach unwiderstehlich.

➳ www.bratwursthaeuslenuernberg.de

Viele Sagen ranken sich um das Würstchen, das heute sowohl als Marke als auch als geografische Angabe geschützt ist.
Gern wird in Nürnberg erzählt, dass die Bratwurst so klein ist, weil gastfreundliche und findige Wirte sie im Mittelalter durch die riesigen Schlüssellöcher der Stadttore hinausschieben wollten, um hungrige Reisende auch nach dem Schließen der Tore satt zu kriegen.
Ist das wahr? Wohl eher nicht.
Denn die Bratwurst hätte nicht nur ein Schlüsselloch durchwandern müssen. Um in den hungrigen Mund eines ausgesperrten Reisenden zu gelangen, hätte sie ein inneres und ein äußeres Tor und dazwischen eine Zwingeranlage überwinden müssen. Das Würstchen hätte deshalb viele Meter lang sein müssen.

URLAUB IN POLEN UNTER DER BRÜCKE ERLEBEN

BRÜCKENFESTIVAL

Theodor-Heuss-Brücke, 90419 Nürnberg, Zugang barrierefrei
www.bruecken-festival.de
ÖPNV: Haltestelle Maximilianstraße oder Nordwestring

»Draußen und umsonst« ist das Motto dieser wunderschönen gemeinsamen Unternehmung. Ins Gepäck dürfen ganz viel Freude und der Wunsch, ausgetretene Pfade zu verlassen.

Tagelang hatten fleißige Helfer geschraubt und gehämmert. Schließlich soll es nett und gemütlich sein unter der Theodor-Heuss-Brücke. Kaum ist man angekommen auf der grünen Wiese am Pegnitzgrund, klatscht man schon begeistert in die Hände. Juhu! Denn zirkusähnliche Zelte, eine sehr coole Hauptbühne und glückliche Gesichter machen einem klar: Das tolle Brückenfestival hat begonnen.

2001 hatten sich sieben junge Musikbegeisterte aus Nürnberg zusammengetan. Abseits von Mainstream, Hitlisten und offiziellen Top 100 wollten sie ein Festival der musikalischen Neuentdeckungen und Experimente auf die Beine stellen. Denn schimmernde Musikperlen gibt es auch außerhalb der allseits beliebten Charts. Und kulturelle Acts wie Poetry Slam oder Visual Art kann man draußen genauso genießen.

Moderiert wird das ehrenamtlich organisierte Festival, das anfänglich mit 500 Besuchern gestartet war und nun zig Tausende anlockt, von Bird Berlin. Auf seine unvergleichlich amüsante Art kündigt er Musiker an wie die israelische Band The Angelcy oder die Kölner Jungs Urlaub in Polen.

Schulter an Schulter genießt man musikalische Höhenflüge, die die Bühne unter der Brücke zum Qualmen bringen. »Yippie Yeah« möchte man da nur laut ausrufen, während die Berliner Band mit gleichem Namen im Kulturzelt rockt. Das Brückenfestival: was für eine Perle der freien Musikszene!

SICH AN POSAUNENKLÄNGEN IM INNENHOF ERFREUEN

ALTSTADTFREUNDE NÜRNBERG

Treffpunkt und Termine:
www.altstadtfreunde-nuernberg.de

Wohlgerüche ziehen durch die weihnachtlich geschmückten Gassen Nürnbergs. Der köstliche Duft der frisch gebackenen Lebkuchen und der würzige Buchenholzrauch aus den Schornsteinen der Bratwurstküchen vermischen sich und wecken Vorfreude auf Nürnberger Köstlichkeiten.

Doch zuvor wartet ein vorweihnachtliches Highlight darauf, mit allen Sinnen genossen zu werden: die Adventszeit mit den Altstadtfreunden. Es ist ein Ausflug in die wirklich »stade Zeit«, ein Kurzurlaub vom hektischen Weihnachtstrubel und zugleich ein echter Geheimtipp.

Der im Jahr 1973 gegründete Verein lädt alljährlich in der Weihnachtszeit zu besinnlichen Stadtspaziergängen mit Singen und Musizieren in historischen Höfen ein. Das ist wunderschön, denn man taucht ein in die versteckte Welt mittelalterlicher Innenhöfe, die nun ausnahmsweise geöffnet sind und liebevoll mit Weihnachtsbäumen geschmückt wurden.

Warm eingepackt schlendert man in musikalischer Begleitung zu prachtvollen herrschaftlichen Höfen ehemaliger Kaufmannspalais. Oder besucht kaum bekannte, lauschig kleine Innenhöfe reizender Fachwerkhäuser. Das Betreten ist voller Zauber, denn an diesen abgeschiedenen Orten ist es ganz still … bis der Gesang des Chores oder die Tuba und die Posaunen des Blechbläserensembles Crème Blech diese Schätze Nürnberger Baukunst weihnachtlich durchklingen und die Herzen erwärmen. Ein bisschen fühlt sich das an, als wäre man ein Team aus Stadtarchäologen auf Entdeckungsmission zu Weihnachten. Mit Musik. Und ganz viel Romantik.

DIE BEGEISTERUNG FÜR FUSSBALL AUSLEBEN

FUSSBALLGALA IN DER TAFELHALLE

Äußere Sulzbacher Straße 62, 90491 Nürnberg, Zugang barrierefrei
www.fussball-kultur.org
ÖPNV: Haltestelle Tafelhalle

»Aus dem Hintergrund müsste Rahn schießen. Rahn schießt … Toooor! Toooor! Toooor!« Das Herz hüpft vor Freude, wenn Fußball ins Spiel kommt? Und die legendäre Radioreportage von Herbert Zimmermann während der Weltmeisterschaft 1954 garantiert heute noch Gänsehautfeeling? Dann ist der Besuch dieser ganz besonderen Gala mit dem Sportsfreund oder der Freundin ein Muss!

Einmal im Jahr verleiht die Deutsche Akademie für Fußball-Kultur den Fußball-Kulturpreis. Und das in Nürnberg! Denn Fußball ist mehr als Sport. Fußball ist ein gesellschaftliches und kulturelles Erlebnis. Deswegen ehrt die Gala originelle Konzepte und soziale Projekte mit Auszeichnungen, einem bunten Showprogramm und viel anwesender Prominenz. Austragungsort: die Tafelhalle. Anstoß: Katrin Müller-Hohenstein und der Nürnberger Oberbürgermeister bilden ein Team und moderieren die Gala. Halbzeit: Fußball-Legenden wie Pierre Littbarski trippeln auf die Bühne und lassen die Herzen höherschlagen.

Champions League: Preise werden in fünf interessanten Kategorien vergeben, wie »Bester Fußballspruch«. Denn Sätze wie »Ich bin Profi. Ich stelle nach Schwanzlänge auf« von Imke Wübbenhorst, 2019 Trainerin der Männermannschaft BV Cloppenburg, bringen die Lachmuskeln zum Hüpfen.
Nachspielzeit: Die gemütliche Ersatzbank im Zuschauerraum wird eingetauscht in ein geselliges Zusammensein mit anderen Fußballfans oder Spielern. Toooor!

Deutscher
Fußball-Kulturpreis

Fast könnte man meinen, Rotkäppchen wäre auf der Bühne erschienen. Und mit ihm der böse Wolf. Man ist sofort gefesselt, in Spannung versetzt und irritiert, denn die wunderschöne, ganz in Rot gekleidete Tänzerin, so zart, dass man gleich mit Hingabe von ihr eingenommen ist, wird gleich verzweifelt scheitern. Man ahnt es schon, auch das wolkenartig aufgebauschte Tutu-Röckchen und ihr märchenhaftes Käppchen werden sie vor dem Sturz in die Tiefe nicht bewahren können. Ganz zu schweigen von dem Tänzer mit Anubis-Kopf, der sie hält, um sie gleich darauf doch wieder fallen zu lassen. Sie versucht sich in den Spitzentanz zu erheben … und stürzt zu Boden. Unser Atem stockt. Was für eine theatralische Inszenierung!

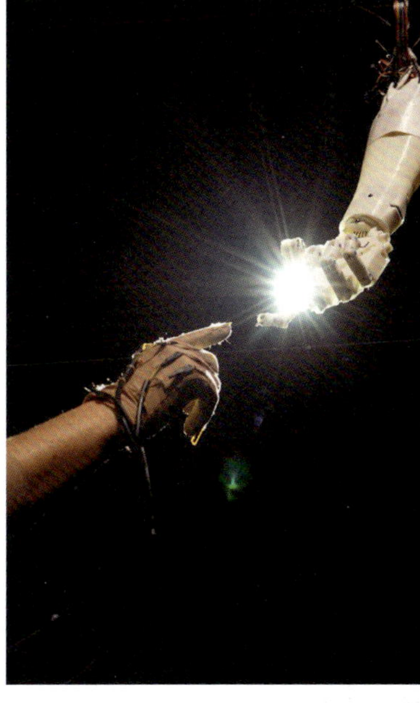

Seit 1979 gibt es das internationale Figuren. Theater.Festival, das alle zwei Jahre in Nürnberg, Fürth, Schwabach und last not least in Erlangen ausgetragen wird. Aus rund 20 Ländern reisen dafür Künstler an, um ihr Können und die Freiheit der Theaterkunst zu zeigen. Alles ist dann möglich auf der Bühne. Grenzen sind aufgehoben und so vermischen sich Tanzkunst, Performance, aber auch neue Medien mit Figuren-, Bilder- oder Objekttheater.

Zudem gibt es einen sehr sympathischen Service: Ausgewählte Aufführungen werden von netten Profis in Gebärdensprache übersetzt. Deswegen ist der gemeinsame Besuch einer Vorstellung in der Nürnberger Tafelhalle mit dem gehörlosen Lieblingsmenschen ein ganz besonderes Vergnügen ohne Worte.
Denn Sprache ist nicht alles! Unsere besondere Freundschaft aber schon.

DREI WEITERE ALLES AUSSER GEWÖHNLICHE THEATER

Für alle, die nicht genug bekommen können von den Brettern, die die Welt bedeuten.

➤ Das Papiertheater
Johannes Volkmann gründete 1995 Das Papiertheater in Nürnberg, das heute weltweit tourt. Mit Schere, Licht und Farbtöpfen wird eine aufgestellte Papierwand zur Theaterbühne. Vor den Zuschauern wird geschnitten, gestaltet und gespielt. Unbedingt ansehen! www.daspapiertheater.de

➤ Theater Zwo Sieben
Im Jahr 1981 gegründet, gehört dieses Theater zu den ältesten freien Theatern in Nürnberg. Die Zielsetzung: Jugendlichen Lust auf Theater zu machen. Gespräche mit den Akteuren im Anschluss sind ausdrücklich erwünscht. Cool! www.theater-zwosieben.de

➤ Travestie Paradies Cabaret
In nostalgischem Ambiente erlebt man hier all das, was man sich von einer Revue erhofft: Amüsante Conférence, Parodie, Livegesang und natürlich Striptease für Mann und Frau. Sexy! www.travestie.paradies-cabaret.de